KB007768

나는 19세 나에게

1억을 ↗

선물하기로 했다

일러두기

1. 이 책은 아빠 신병철 박사와 고1 아들 신통이 수년간 경제 전반과 주식투자에 관해 이야기 나눈 내용을 정리한 것입니다.

2. 이 책에서 언급하는 특정 기업의 주식은 주식투자 설명을 위한 사례일 뿐, 특정 종목에 대한 투자 권유가 아닙니다.

3. 이 책을 읽으시는 독자 여러분은 저자의 투자 방식과 노하우를 '참고'해주시기를 바라며, 투자에 대한 선택과 책임은 독자 여러분에게 있음을 알려드립니다.

나는 19세 나에게 1억을 선물하기로 했다

대기업 부사장 출신 아빠와
주린이 고1 아들의 리얼 투자 이야기

신병철 · 신통 지음

안녕? 내 이름은 신통이야. 현재 17세, 고등학교 1학년이지.

유치원, 초등학교, 중학교에 다닐 때는 인생이 마냥 즐거운 줄만 알았는데, 고등학생이 되니 사는 게 쉽지만은 않더라고. 성적도 신경 써야 하고, 외모도 좀 가꿔야 할 것 같고, 여자친구도 있었으면 좋겠고, 어른이 되면 뭘 하고 살아야 하나 고민도 많아. 아직 고1이지만 나름 머릿속이 복잡하단 말이지.

그중에서 가장 골치 아픈 문제는 뭐니 뭐니 해도 공부야. 집에서든 학교에서든 학원에서든 학생은 공부만 열심히 하면 된다는 말을 귀에 못이 박히도록 들어. 공부해야 할 과목은 어찌나 많은지. 학교 시험기간이면 그 많은 과목의 시험범위를 제대로 파악하기도 어려울 지경이라니까.

많은 과목 중에서도 가장 까다로운 건 역시 수학이지. 수열, 함수, 미적분 등등 용어는 왜 그리 어렵고, 공식은 또 왜 그렇게 많은 거야? 머리를 쥐어짜며 수학문제를 풀다 보면, 이런 것들을 나중에 다 써먹을 수는 있는 건지 의문이 들어. 일상생활에서 미적분이나 삼각함수 같은 걸 쓸 일이 정말 있을까? 그냥 덧셈, 뺄셈, 곱셈, 나눗셈 정도만 잘해도 살아가는 데 충분하지 않을까?

4년제 대학에 대학원까지 졸업한 우리 엄마도 고1 수학문제는 거의 못 풀던데. 심지어 가끔은 나눗셈을 틀리실 때도 있다니까. 그럴 때마다 엄마는 그런 건 계산기가 다 해주니까 괜찮다고 얼버무리시지. 그러면서 나더러는 공부 열심히 하라고 하시네? 거참……

뭐 그렇다고 내가 공부를 안 하겠다는 건 아니야. 어쩌다 한 번씩이지만 공부가 재미있게 느껴질 때도 있긴 해. 다만 우리가 살아가는 데 도움이 되는 지식, 실생활에 꼭 필요한 내용을 중심으로 공부했으면 좋겠어. 어차피 수능 끝나면 다 잊어버릴 텐데, 그 많은 과목의 방대한 내용을 달달 외워야 한다는 건 에너지 낭비, 시간 낭비 같거든.

그럼 우리 삶에 도움이 되고 꼭 필요한 공부가 어떤 거냐고? 내 경험을 이야기해줄게.

나는 지난 1년간 아빠와 함께 **'주식'**이라는 것을 했어. 내가 태어나서 16년 동안 모은 돈과 만 15세 성인식 때 부모님께 받은 돈을 합쳐서, 중학교 3학년 때부터 주식투자를 시작한 거야. (노래 제목도 아니고 무슨 성인식이냐고? 그건 뒤에서 다시 이야기할게.)

2,000만 원이라는 자금으로 시작한 나의 주식투자, 처음에는 뭐가 뭔지 모르겠고 어려웠지만, 하나하나 공부하며 조심스레 해보았더니 주식투자라는 게 정말 흥미진진한 세계더라고!

주식투자에 입문하면서 아빠와 경제 이야기, 기업 이야기, 기업의 성장 이야기, 세상 이야기, 역사 이야기를 많이 나누게 되었어. 우리 아빠가 다른 건 모르겠는데 경제 쪽에는 지식이 좀 있으신 거 같아. 아빠의 도움으로 조금씩 경제와 주식이라는 것을 알게 되고 흥미를 갖게 되었어. 그랬더니 점차 어떤 흐름이 보이기 시작한 거야! **저평가 가치 성장주**를 고르는 방법을 익혀 마침내 주식을 구매하게 되었어.

내가 산 주식의 수익률이 얼마나 되는지 궁금하지? 놀라지 마. 지난 1년간 수익률은 무려 **95%**야.

고등학교 1학년인 내가 주식의 세계에 발을 들여놓은 지 1년 만에 95%라는 높은 수익을 올렸다는 게 믿기지 않는다고? 그럴 거야. 1년 전의 나에게 이 이야기를 해준다면 나도 거짓말하지 말라며 안 믿었을 테니까. 그런데 이런 일이 실제로 벌어진 거야!

내가 지금처럼 주식을 운용한다면 고등학교를 졸업할 때쯤에는 어떻게 될까? **아빠는 조금 더 노력해서 1억을 만들어보자고 하시네.** 과연 잘할 수 있을까? 해봐야 알겠지만, 아주 불가능한 일만은 아닌 것 같아.

아빠의 말씀을 듣고 나는 결심했어. 만 19세 내 생일에 나에게

1억을 선물해주기로. 만약 이 목표가 이루어진다면 정말 괜찮은 결과겠지? 대학교 신입생 중에 현금 1억 원을 자기 통장에 갖고 있는 사람은 거의 없을 테니까. 대학 등록금이 워낙 비싸니 학자금 대출에 부모님 허리가 휘고 휴학해서 알바 뛰는 학생이 그렇게 많다는데, 나에게는 고등학교 3년간의 투자로 모은 1억이 있으니, 나도 좋고 부모님도 좋고, 이거야말로 일거양득이지.

물론 인생이 뜻대로 되는 것만은 아니니 달성 시기나 금액이 조금 달라질 수도 있겠지만, 아무튼 내가 계획한 **'19세 내 생일에 나에게 1억 선물하기'**라는 프로젝트를 성공적으로 수행하기 위해 열심히 노력하려고 해.

내가 지난 1년간 어떻게 주식투자를 해왔는지, 그리고 앞으로 내 목표를 이루기 위해 어떤 일들을 할지, 지금부터 차근히 이야기해줄 테니 잘 들어봐.

누가 알아? 이 책을 읽은 너희도 몇 년 뒤에 1억이라는 돈을 모을 수 있을지. 정말로 그렇게 되면 참 좋겠다! 자, 그럼 이제부터 내 이야기를 시작할게!

CONTENTS

PART 1

아빠와 함께 가치투자를 시작하다

PART 2

가성비 투자로 대박이 난 투자 선배들 이야기

PART 1

아빠와 함께 가치투자를 시작하다

01

나의 만 15세 성인식, 그리고 투자

중학교 3학년이었던 2019년 내 생일에 나는 성인식을 치렀어. '식'이라고 하니 뭔가 있어 보이지만, 그리 대단한 건 아니야.

예전에 우리 엄마, 아빠가 유대인 관련 책을 읽었는데, 유대인의 자녀들은 일정 나이가 되면 성인식을 치른대. '바르 미츠바 Bar Mitzvah'라 불리는 이 성인식은 자녀가 만 13세가 되면 인생을 어느 정도는 스스로 책임질 줄 아는 사람이 되어야 한다는 의미로 행하는 거래. 꽤 괜찮은 생각이지 않니? 어려서부터 자신의 삶을 스스로 결정하는 연습을 하는 것은 중요한 것 같거든.

이 성인식에서 부모는 만 13세가 된 자녀에게 성경과 손목시계, 그리고 축의금을 준대. 성경은 독립을 뜻하고, 손목시계는 약속을 지키라는 뜻이고, 축의금은 경제활동을 하라는 의미라고 해. 축의금은 보통 한국 돈으로 5,000만 원 정도로, 실제로 주식이나 펀드 등 투자활동을 해보라고 주는 거래.

우리 엄마, 아빠가 이 유대인의 전통에 깊은 인상을 받으셨는지, 우리 집에서도 이것을 우리 스타일에 맞게 변형해 적용해보기로 결심하신 거야. 그래서 내가 만 15세가 되던 중학교 3학년 생일에 성인식을 진행하게 되었지. 가족이 모여 즐겁게 식사했고, 나는 선물로 손목시계와 축의금을 받았어. 축의금 액수는 1,000만 원이었어.

이렇게 성인식 때 받은 **축의금 1,000만 원**에, 내가 그동안 살아오면서 모은 **내 전 재산 1,000만 원**을 보태서 **기초 투자 비용 총 2,000만 원**을 만들었지.

전 재산 1,000만 원은 어떻게 모았느냐고? 그건 뭐 간단해. 우리가 태어나면서부터 상당히 많은 돈을 받는다는 사실, 알고 있니? 할아버지, 할머니, 여러 친척분들, 부모님의 지인분들이 백일잔치와 돌잔치 때 금반지도 주시고, 설날에는 세뱃돈 주시고, 추석이나 생일 아니면 가끔 만나서 인사드릴 때 용돈도 주시지. 내 경우에는 백일 반지와 돌 반지 15돈, 조부모님이 주신 반지 10돈, 그리고 세뱃돈 및 각종 용돈을 엄마가 15년 동안 차곡차곡 모아두셨던 거야. 그렇게 쌓인 금액이 자그마치 1,000만 원이었던 거지.

그래서 15세 생일에 성인식 축의금 1,000만 원과 더불어 엄마가 모아두신 나의 전 재산 1,000만 원도 받게 됐지. 이렇게 큰 돈을 내 손에 쥐어본 건 난생처음이었어. 용돈으로 10만 원 정도 받을 때는 그렇게 기쁠 수가 없었는데, 그것의 200배나 되는 돈을 막상 받아보니 기분이 좋다기보다 좀 얼떨떨하더라. 이 돈이 얼마나 큰 돈인지 가늠도 안 되고 말이야.

아무튼 그렇게 해서 마련하게 된 내 종잣돈. 이 돈으로 무엇을 할지 생각해보았어. 내가 아는 방법이라곤 그저 은행 통장에 넣어두는 것뿐인데, 이것 말고 다른 방법은 없을까? 나는 아빠에게 도움을 청해보기로 했어. 나보다는 경제 지식이 훨씬 더 많은 아빠랑 이야기해보면 뭔가 좋은 수가 나올 테니까. 그런데 내가 조언을 구하자, **아빠는 주식투자를 해보면 어떻겠느냐고 말씀하시는 거야.** 으잉? 난 주식이 뭔지도 모르는데?

아빠한테서 주식에 대한 설명을 듣고 또 내가 인터넷으로 정보를 찾아 읽어보니, 주식에 대해 개념이 좀 잡히는 것 같았어.

그래서 본격적으로 경제 공부도 할 겸, 아빠가 제안하신 **장기적 가치투자**를 해보기로 한 거야. 워런 버핏 할아버지가 하신다는 그 장기적 가치투자 말이야.

'워런 버핏'이라는 이름, 한 번쯤은 들어봤겠지? 투자의 귀재라고 불리는 미국 할아버지인데, 전 세계에서 손꼽히는 부자래. 1930년생이니 지금 90세가 넘으셨지. 어렸을 때부터 숫자 감각이 뛰어나고 장사 수완도 있으셨대. 11세 때는 100달러의 돈을 가지고 주식투자도 하셨다고 하네. 26세 때부터 본격적으로 투자 사업을 시작해서 대성공을 거두었는데, 그 할아버지의 투자 방식이 바로 '장기적 가치투자'라는 거야.

장기적 가치투자가 무엇이냐 하면, **장기적으로 봤을 때 성장할 가능성이 큰 기업의 주식을 가능한 한 저렴한 가격에 구매하여 오랫동안 갖고 있는 방식**이야. 주식을 단기간에 사고파는 게 아니라, 가치 있는 기업을 골라서 오랜 시간 동안 함께한다는 거지. 간단하지?

나는 이 방식이 좋아 보였어. 그저 소문으로 괜찮다는 주식을 샀다가 조금 오르면 팔아버리는 일을 반복하면, 단기적으로는 이익이 있을지 몰라도 길게 가기는 어렵겠지. 그리고 주가가 갑자기 떨어지기라도 하면 손해를 볼 수도 있고, 매일의 주가 변동에 일희일비하게 하게 되지 않을까?

워런 버핏 할아버지의 인생도 한번 살펴보고, 아빠와 주식 관련 이야기도 꽤 나눈 후에, **나는 성장 가능성이 큰 가치 있는 기업에 투자해서 오랜 기간 쭉 함께 가는 장기적 가치투자를 해보기로 결심했어.**

02

가치를 넘어 가성비에 투자하다

장기적 가치투자를 해보기로 결정은 했는데, 중학교 3학년이었던 내가 어떤 기업이 얼마만큼 성장할지 알 수가 있어야지. 그래서 이번에도 아빠의 도움을 받아보기로 했어.

아빠 말씀에 따르면, 가치를 넘어 가성비가 높은 기업에 투자하는 것이 더 중요하다고 해. **'가성비 투자'**라는데, 이건 또 무슨 말이지? 그것은 바로 현재의 기업가치가 높고 미래의 성장성도 좋은 기업을 발견해서 그 회사에 투자한다는 뜻이야. 워런 버핏 할아버지 이야기를 조금 변형해서 우리 아빠가 직접 만든 용어라고 하시네? 아빠와 이야기를 나누면 나눌수록 아빠 말씀에 점점 더 믿음이 가더라고.

현재의 가치가 높은 기업 중에는 미래의 성장 가능성이 그리 높지 않은 기업도 있대. 워런 버핏 할아버지가 한창 일을 하시던 시절에는 현재의 가치만으로도 그 기업에 투자할 만한 매력이 충분했지만, 지금은 세상이 빨리 변하기 때문에 현재의 기업가치뿐 아니라 미래 성장성도 살펴봐야 한다는 거야.

그렇다면 현재의 기업가치가 높다는 말은 무엇이고, 미래 성장성이 높다는 것은 또 무슨 의미일까?

현재의 기업가치가 높은 기업

현재의 기업가치가 높은 기업이란, **현재의 실적은 우수한데 그에 비해 저평가받는 기업**을 말하는 거야. 그러니까 기업 매출이 높고 영업이익이 높고 당기순이익도 많은데, 아직 시장에서 높은 평가를 받지 못하고 있어서 현재 주가가 낮은 기업을 말하지. 이런 기업을 발견하려면 재무제표를 잘 살펴봐야 해. 예를 들면 PER, PBR 등이 낮은 기업을 찾아야 하는 거야. 회사 규모가 크고, 고정 고객이 많고, 역사가 깊은 기업이 여기에 속하는 경우가 많아. 은행이나 전력회사 등을 꼽을 수 있지. 매출, 영업이익, 당기순이익, PER, PBR 등 어려운 용어가 꽤 나오는데, 이런 개

넘은 뒤쪽에서 자세히 설명해줄 테니 일단 기억해두렴.

미래의 성장성이 높은 회사

미래 성장성이 높은 회사는 한마디로 **미래의 산업구도를 바꿀 수 있는 기업**을 말하는 거야. 지금 당장은 눈에 띄는 기업 성과가 크지 않지만, 시간이 가면 갈수록 산업 생태계를 바꿀 수 있는 기업이라면 당연히 점점 더 평가가 높아지겠지. 그렇게 되면 고객 수가 빠르게 늘어나고 매출도 가파르게 상승할 거야. 그래서 최근에는 이런 성장하는 기업에 많은 투자가 이루어지고 있어. 시간이 지나면 이 기업들의 시장지배력이 커져서 결과적으로 성장성은 물론이고 전통적인 의미의 기업가치 역시 높아지게 되는 거야. 대표적인 기업으로는 미국의 아마존이나 애플, 우리나라의 카카오, 네이버 등이 있어.

가성비 높은 기업

가성비가 높은 기업이란 **현재의 기업가치도 높고 미래 성장성도 좋은 기업**을 말해. 가치와 성장이 동시에 이루어지는 기업이라면 투자 효과는 더욱 높아질 테니 이런 기업을 찾아서 투자하는 것이 좋겠지? 이게 바로 우리 아빠가 말씀하신 '가성비 투자'이고, 아빠와 내가 투자 대상으로 찾을 기업이 가성비 높은 기업들이지.

그럼 어떤 기업이 현재 가치와 미래 성장성이 모두 높을까? 이제부터 이 질문에 대한 답을 하나씩 찾아볼 테니 잘 따라오렴. 아, 그전에 한 가지 말해둘 게 있어. 이 책에 쓰는 투자에 대한 관점들은 아빠와 나의 생각이고, 사람마다 의견은 다를 수 있어. 그러니 내 이야기를 참고해서 너희만의 기준을 만들면 더 좋겠지?

가성비 높은 기업은 많다

아빠가 그러시는데, 현재 가치가 높고 성장성도 좋은 기업이 한국 주식시장에 적어도 200개 정도는 있대. 왜 그렇게 생각하시느냐고 물었더니, 현재 한국 주식시장에 2300여 개의 기업이 상장되어 있는데, **그 가운데 10% 정도는 매출이 늘고 영업이익과 당기순이익이 증가하는, 즉 현재 가치가 높으면서 미래 성장성 또한 좋은 기업**이라고 하시네. 상식적으로 생각해봐도 그럴듯한 말인 거 같아. 어느 분야에서건 성공하는 사람들이 10% 정도는 있는 법이니까.

투자했으면 오래 갖고 있어라

이런 가성비 높은 기업에 투자했다면 최대한 오래 갖고 있는 것이 좋다고 해. 왜 그럴까? 예를 하나 들어볼게.

대표적인 가성비 기업 중에 미국의 애플이 있다고 했지? 애플의 주식은 10년 전에 비해 10배가 상승했어. 그럼 애플 주식을 10년 전에 구입해서 지금까지 가지고 있다면 어떻게 될까? 10년 전에 비해 10배의 수익이 생겼겠지?

나이키 한정판 운동화 같은 것도 구매하고 오래 보유하고 있어야 그 가치가 올라가잖아. 그러니까 주식도 가성비 높은 주식을 골라서 오래 갖고 있으면 그 가치가 올라가는 게 당연하겠지.

어쨌든 아빠랑 이것저것 이야기해보고 나 스스로 공부도 하면서, 아빠가 말하는 가성비 투자를 해보기로 했어. **가성비가 높은 기업을 몇 군데 골라 그 기업들의 주식을 일정 금액씩 사들인 후** (여러 곳에 나눠 투자하는 것을 '분산투자'라고 하더라) **오래도록 갖고 있는 거야.** 충분한 시간을 두고 기다리면 주식의 가치는 저절로 상승할 테니 말이야. 아주 간단하지?

투자에 대한 아빠와 나의 약속

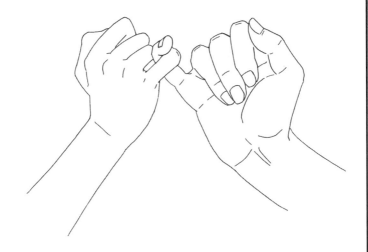

☑ 가성비 높은 기업을 골라

☑ 그 기업의 주식을 최대한 저렴하게 구매해서

☑ 충분히 시간을 갖고 기다린다!

이 가성비 투자의 원칙을
반드시 지킨다!

PART 2

가성비 투자로 대박이 난
투자 선배들 이야기

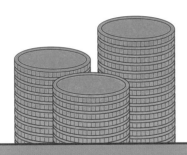

32세 전매님의 투자 이야기

우리 아빠 회사에서 함께 일하는 매니저 누나가 있는데, 성이 전씨라 보통 '전매님'이라고 불러. 나랑도 친한 누나야. 여기서 실

명을 말하기는 좀 그러니까 나도 '전매님'이라고 부를게. 이 전매님의 투자 이야기가 대박이야.

전매님은 2014년에 엔씨소프트 주식을 샀대. 당시 엔씨소프트 주식은 1주에 156,000원이었어. 엔씨소프트가 어떤 회사인지는 알지? 리니지로 유명한, 우리나라의 대표적인 게임회사잖아. 전매님은 시간이 갈수록 게임하는 사람은 늘어날 테고, 또 중국이나 유럽 등에 게임을 수출하기도 하니까 앞으로 기업가치는 더 높아질 것으로 예측해서, 엔씨소프트에 투자하기로 결정했어.

그런데 문제는, 주식을 구입하고 나서 매일 오르락내리락하는 주가를 스마트폰으로 계속 확인하는 게 습관이 돼버렸다는 거지. 그러다 보니 불안하기도 하고, 업무에 집중도 안 되고 일상생활에도 지장이 있었다는 거야. 그래서 큰맘 먹고 주식 관련 앱을 스마트폰에서 삭제해버렸고, 오랫동안 잊고 있었대.

그러다가 2020년 중반쯤에 코스피 지수가 계속 오르는 것을 보자 문득 생각이 나서 확인해보기로 했어. 그래서 다시 앱을 깔고 들어가 보니, 글쎄 엔씨소프트 주식이 80만 원으로 올라 있는 거야! 좋은 주식을 구매해서 오래 갖고 있으니까 이런 일이 벌어지네! (이 책을 마무리하고 있는 2021년 1월 말 현재 엔씨소프트 주가는 더 올라서 95만 원 선이야.)

전매님이 주식을 몇 주 구입했는지는 말을 안 해줘서 모르겠지만, 여하튼 한 주당 적어도 4~5배의 이익이 난 거지. 정말 대박이지?

전매님도 아빠와 똑같은 이야기를 했어. **장기적으로 성장할 수 있는 가성비 높은 기업의 주식을 최대한 저렴하게 구매해서 오래 기다리는 것이 가장 중요하다고.** 가성비 투자의 실제 사례를 접하고 보니 정말 맞는 말인 것 같아.

28세 박매님의 투자 이야기

우리 아빠 회사에 새로 입사한 스물여덟 살 누나가 있어. 전매님과 마찬가지로 성이 박 씨라 '박매님'이라고 불러. 박매님의 투자 이야기도 진짜 흥미진진해.

박매님은 1993년생이야. 박매님이 태어났을 때 아버님께서 딸을 위해 보험을 들까, 적금을 들까 고민하시다가, 매월 아버님 월급의 일부를 떼어서 삼성전자 주식을 구매하기로 했대. 다달이 적금 붓는 것처럼 딸의 몫으로 삼성전자 주식을 사기로 한 거지. 정말 좋은 아이디어 아니니?

1993년에 삼성전자 주식은 1주당 50,000원 정도였대. 그때부터 삼성전자 주식을 매월 일정 금액만큼 구입하기 시작해서 지

금까지도 계속하신다고 해. 그럼 28년이 지난 지금, 삼성전자 주식은 얼마나 올랐을까?

1993년에 5만 원 선이었던 삼성전자 주식은 그 후로 꾸준히 올라 1주에 200만 원을 훌쩍 뛰어넘게 되었어. 주식 1주당 금액이 너무 커지니 2018년에는 주식 1주를 50주로 나누었대. 이걸 **'액면 분할'**이라고 해. 그래서 1993년과 2021년의 단위가 다르긴 한데, 비교를 위해 지금의 삼성전자 주가에 다시 50을 곱해보면 440만 원 정도가 돼. 그러니까 삼성전자 주가는 28년 동안 80배가 넘게 오른 셈이지.

가성비 투자로 대박이 난 투자 선배들 이야기

아버님이 매월 몇 주씩 주식을 구입하셨는지는 박매님도 잘 모르고, 그저 지금까지 꾸준히 구입하신다는 사실만 알고 있더라고. 박매님 아버님 정말 대단하시지 않니? 28년 동안 딸을 위해 구입하신 주식으로 얼마의 이익을 보셨을까? 몇억? 몇십억?

박매님은 아버님이 자신을 위해 매월 삼성전자 주식을 사신다는 것을 고등학교 때 알았다고 해. 그 사실을 안 이후에는 아버님 말씀을 고분고분 잘 듣는 착한 딸이 되었다고 하네. 돈의 위력이 이런 건가?

박매님의 사례를 듣고 나도 이렇게 해야겠다고 생각했어. 지금부터라도 매월 꾸준히 적금을 붓듯이 가성비 높은 회사에 투자해야겠다고 말이야. 박매님 아버님의 꾸준함과 혜안을 본받고 싶어.

03

55세 김○○ 님의 투자 이야기

이번에는 우리 아빠가 1990년대에 함께 일하셨던 동료분 이야기를 해줄게.

아빠는 1996년쯤에 SK텔레콤과 관련된 일을 하셨어. 당시는 SK텔레콤이 이동전화 서비스를 본격 추진하면서 사업을 확장하기 시작할 때였지. 그때 우리 아빠와 함께 일하시던 동료분이 1주당 13만 원 정도 하던 SK텔레콤 주식을 200주, 약 2,600만 원어치 구매하셨대. 본인이 하고 있는 일이니까 신뢰를 갖고 투자하신 거지.

그런데 그분이 해외 주재원 발령이 나서 미국으로 떠나시게 되었어. 4~5년간 주재원 생활을 하신 후 귀국해서 주식을 살펴

가성비 투자로 대박이 난 투자 선배들 이야기

보니, 몇 년 전 1주당 13만 원 정도에 구입했던 SK텔레콤 주식이 400만 원이 되어 있는 거야! 불과 4~5년 만에 30배 넘게 가치가 올라간 거지. 2,600만 원 정도의 투자금이 8억 원으로 불어났으니, 대박 아니겠니?

그 동료분은 이때 주식을 파셨고, 지금은 아주 여유 있는 은퇴 생활을 즐기고 계신다고 해.

아, 한 가지 말해둘 게 있어. 아까 박매님 사례에서 삼성전자가 2018년에 주식을 1/50로 액면 분할했다고 했지? SK텔레콤은 그보다 훨씬 이전인 2000년에 주식을 1/10로 액면 분할했대. 그래서 지금은 1주당 25만 원대의 주가를 형성하고 있어.

아빠 동료분의 사례를 보더라도 **가치가 높은 주식, 성장성이 높은 주식을 발굴하고 저렴한 가격에 구매해서 충분히 기다리는 것이 투자의 핵심**인 것 같아.

우리 아빠 주변에는 이렇게 투자의 귀재들이 많이 있었어. 아빠도 그분들을 보며 더 일찍 투자해보았으면 좋았겠지만, 지금도 늦은 건 아니지. 나도 아빠와 함께 가치투자를 할 거니까!

PART 3

아빠와 나의
진짜 투자 이야기

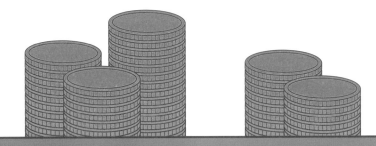

01

카카오

2019년 9월, 아빠와 내가 드디어 첫 번째 투자를 시작했어. 가장 먼저 주식을 구매할 기업을 골라야 하는데, 어떤 기업이 '가성비 높은 기업'일까? 그 당시에는 내가 아는 게 거의 없었으니 아빠의 조언을 따르기로 했지.

우리 아빠는 현재 대한민국의 주요 스타트업 기업들에 경영 자문을 많이 해주고 계셔. 너희도 알 만한 기업으로는 배달의민족, 야나두, 여기어때, 텐마인즈, 러쉬 등이 있고, 그야말로 Start-up 하는 작은 규모의 온라인 회사들에도 자문을 해주신대. 그러니까 경제가 돌아가는 상황, 사업 성장 사례 등을 실제 현장에서 경험하고 계시는 거지.

아빠는 지금도 그렇고 앞으로도 계속 온라인과 모바일의 시대가 이어질 테니까, **모바일 관련 기업의 주식**을 사보는 게 어떻겠느냐고 하셨어. 생각해보면 요즈음 사람들에게 스마트폰은 없으면 안 되는 물건이잖아. 스마트폰 하나로 정보 검색, 대화, 쇼핑, 음악 및 영화 감상, 길 찾기, 심지어 학교 공부까지 다 할 수 있는 시대니까 말이야. 그러니 모바일 시장은 지금보다 더 커지면 커졌지 절대 줄어들지는 않을 것 같아. 그래서 아빠 말씀대로 첫 투자 기업은 모바일 쪽으로 정하는 게 좋겠다고 생각했지.

그렇다면 모바일 관련 기업 중에서 어디가 가성비 좋은 기업

일까? 모바일 기업이라고 하니 나는 대번에 **카카오**가 떠올랐어. 우리가 매일 쓰는 '카카오톡'의 그 카카오 말이야. 그래서 카카오 회사에 대해 검색을 해보니, 메신저 서비스뿐 아니라 광고 서비스도 하고 있고, 카카오뱅크도 운영하고 있고, 카카오게임도 만들고 있더라고. 우리나라 사람 중에 카카오라는 기업의 서비스를 쓰지 않는 사람은 얼마 없을걸? 게다가 앞으로 사업 분야를 확장할 수도 있을 테고, 그러면 사용자는 더욱 늘어나겠지?

이렇듯 카카오는 그 자체로 기업가치도 높고 또 성장성도 대단하니까, 카카오야말로 가성비 기업의 대표처럼 보였어. 그래서 아빠와 나는 이렇게 결론 내렸어.

우리의 가성비 투자 1번은 카카오다!

카카오에 대한 가성비 판단
☑ 현재의 기업가치 : 인터넷·모바일 기업으로 기업가치가 매우 높다.
☑ 미래의 성장 가능성 : 미래를 바꿀 기업으로 성장 가능성이 매우 높다.

첫 번째 투자 기업을 결정하고 나서 나는 종잣돈 2,000만 원에서 일정 금액을 떼어내서 카카오 주식을 구입했어. 3회에 걸

아빠와 나의 진짜 투자 이야기

처 10주씩 총 30주를 샀고, 1주당 평균 114,000원이었으니 총 342만 원을 투자한 거야. 난생처음 주식이라는 것을 사려니 긴장되기도 하고 설레기도 하고 그렇더라. 과연 이 주식이 올라서 수익을 얻을 수 있을지 의문이 들기도 하고 말이야.

2019년 9월 17일에 첫 구매를 했고, 그로부터 딱 1년 후에 수익률을 확인해보았어. 1년 동안 어떻게 변했을지 궁금하지? 이제부터 결과를 보여줄게.

| 카카오 투자 내역 |

3회 분할 구매			
날짜	1주당 가격(원)	주식 수(주)	총 구매 비용(원)
2019년 9월 17일	115,000	10	1,150,000
2019년 9월 24일	110,000	10	1,100,000
2019년 10월 2일	117,000	10	1,170,000
	평균 114,000	총 30	총 3,420,000
2020년 9월 17일	371,000	30	11,130,000
		수익률	225%

1년 전 1주당 114,000원에 구매한 주식이 1년 후 371,000원으

로 올랐고, 내가 투자한 342만 원은 1,113만 원으로 불어나 있었어. 투자한 금액의 2배가 넘는 수익이 발생한 거지!

난 그저 1년 전에 아빠랑 상의해서 가성비 기업으로 평가되는 카카오의 주식을 구매하고 1년간 묻어두었을 뿐인데, 이렇게 오르다니! 앞서 이야기한 전매님, 박매님, 그리고 아빠 동료분 사례와 비슷하지 않니?

처음에 아빠와 세웠던 투자 원칙, 그리고 투자에 성공하신 분들이 해준 이야기가 정말 중요한 교훈이라는 것을 첫 번째 투자에서부터 직접 경험하게 되었어. 마치 농사를 짓는 것과 같아. 좋은 씨앗을 골라서 적당한 시기에 땅에 심고 충분히 기다려야 하잖아. 그래야 좋은 수확을 거둘 수 있으니 말이야.

자, 첫 번째 투자에서 얻은 교훈을 정리해볼게.

가성비 높은 기업을 골라
그 기업의 주식을 최대한 저렴하게 구매해서
충분히 시간을 갖고 기다린다!

큰 수익을 보았지만, 나는 카카오 주식을 팔 생각이 없어. 카카오는 앞으로 더욱 성장할 테니, 몇 년 더 가지고 있을 예정이야.

그런데 이렇게 성장 가능성이 큰 가성비 높은 기업을 어떻게 고르느냐고? 일단 내 투자 이야기를 다 풀어놓은 후에, 투자하기 좋은 기업이나 종목을 선택하는 팁은 이 책의 PART 4, '가성비 높은 기업을 찾는 비법'에서 자세히 설명해줄게.

02

엔씨소프트

카카오에 투자하고 나서, 아빠와 나는 다른 투자 기업을 찾기 시작했어. 두 번째로 선정한 가성비 높은 기업은 바로 **엔씨소프트**야.

앞서 사례를 소개한 전매님이 투자했던 기업이지? 엔씨소프트는 그 유명한 **리니지** 게임을 만든 회사야. 1997년 3월에 설립되었고, 2000년에 주식시장에 상장되었어. PC용 온라인 게임 서비스를 제공하다가 모바일 게임도 만들면서 전성기를 이어나가고 있지.

PC 게임에서 리니지의 영향력은 어마어마해. 이렇게 군건한 기반을 바탕에 두고 이젠 모바일 시장에까지 진출한 거야. 시간이 갈수록 온라인 게임산업은 그 규모가 더 커지면 커졌지 줄어들지는 않을 텐데, 우리나라 게임 시장에서는 엔씨소프트가 가장 강력한 시장지배력을 갖고 있잖아.

아빠가 그러시는데, **시장에서 1등 하는 기업이 계속 1등을 유지할 확률이 아주 높다네.** 게임산업 자체가 성장하면 가장 큰 이득이 1등에게 돌아가는 거지. 이것을 '**선도자의 이점 pioneer advantage**'이라고 한대. 생각해보면 정말 그럴듯해. 잘하는 사람이 더 잘되는 거 아니겠어? 그래서 이번에는 게임산업의 선두주자 엔씨소프트에 투자하기로 결정했어.

투자 방식은 카카오 때와 동일해. 2019년 10월 14일부터 엔씨소프트 주식을 1주당 평균 518,667원에 3회에 걸쳐 총 6주 구매했고, 총 투자 금액은 3,112,000원이었어.

구매 후 10개월 정도 그대로 뒀다가 지난 8월에 수익률을 확인해보니 5,382,000원이 되어 있더라고! 무려 **73%**나 상승한 거야. 카카오만큼은 아니지만, 엔씨소프트 투자에서도 상당히 높은 수익을 기록한 거지.

| 엔씨소프트 투자 내역 |

3회 분할 구매			
날짜	1주당 가격(원)	주식 수(주)	총 구매 비용(원)
2019년 10월 14일	518,000	2	1,036,000
2019년 10월 21일	520,000	2	1,040,000
2019년 10월 28일	518,000	2	1,036,000
	평균 518,667	총 6	총 3,112,000
2020년 8월 13일	897,000	6	5,382,000
		수익률	73%

날짜를 비교해보면 알겠지만, 사실 엔씨소프트 투자는 카카오보다 늦게 시작했는데 수익률은 카카오보다 더 일찍 확인했어. 그러니까 내 투자 인생에서 처음으로 수익을 확인한 게 바로 엔씨소프트 주식인 거야. 주식을 구매해서 그냥 두기만 했는데도 10개월 만에 이렇게 불어나다니, 처음 결과를 확인하고 얼마나 놀랐는지 몰라. 신기하기도 하고 말이야.

투자 결과를 보고 기뻐하는 나를 보며 아빠가 해주신 말씀이 있어. 아빠와 한 약속을 잊지 말라고 말이야. 앞에서 몇 번 이야기했지만, 정말 중요한 내용이니 한 번 더 말해도 되겠지?

아빠와 나의 진짜 투자 이야기

가성비 높은 기업을 골라

그 기업의 주식을 최대한 저렴하게 구매해서

충분히 시간을 갖고 기다린다!

현대자동차

나의 세 번째 투자처로 아빠와 내가 선정한 가성비 높은 기업은 바로 **현대자동차**였어.

현대자동차는 명실상부한 우리나라 최고의 자동차 회사야. 이런 전통의 대기업도 '가성비 높은 기업'이 될 수 있느냐고? 물론이지! 내가 앞서 가성비가 높은 기업의 조건을 이야기했지? 현재의 기업가치가 높고 미래의 성장 가능성이 큰 기업이 가성비 높은 기업이잖아. 현대자동차라면 현재의 기업가치는 의심의 여지가 없지. 그렇다면 미래의 성장 가능성은 어떨까?

요즈음 하이브리드차나 전기차가 많이 보이지? 최근 각 나라의 자동차 산업이 주력하는 분야는 바로 '친환경'이야. 전기차보다 더 친환경적인 자동차가 바로 수소차인데, **현대자동차가 수소차 1등 기업이래!** 우리 고모부가 현대자동차에서 나온 수소차 '넥쏘'를 타고 다니셔서 나도 한번 타봤더니, 조용하고 힘 좋고 디자인도 멋있었어. 아직 대중적이지는 않고 수소충전소도 몇 군데 안 되긴 하지만, 그래도 가장 친환경적이고 장점이 많으니까 수소차의 미래는 밝다고 생각해.

결론적으로, **현대자동차는 기존 엔진 기반 자동차 시장에서 단연 국내 1등이고, 전기차 세계 시장 점유율도 5위 안에 든대.** 여기에 **수소차 시장이 커진다면** 그야말로 전통의 강자이면서 미래 시

장의 강자가 되지 않을까?

　이런 이야기를 아빠와 함께 나누고 현대자동차에 투자하기로 결정한 후, 이번에도 역시 300만 원 정도의 투자금으로 3회에 걸쳐 현대자동차 주식을 구매했어. 현대자동차의 수익률은 어떨지 궁금하지?

| 현대자동차 투자 내역 |

3회 분할 구매			
날짜	1주당 가격(원)	주식 수(주)	총 구매 비용(원)
2019년 10월 29일	122,500	9	1,102,500
2019년 11월 5일	124,600	9	1,121,400
2019년 11월 12일	123,000	9	1,107,000
	평균 123,367	총 27	총 3,330,900
2020년 8월 13일	191,000	27	5,157,000
		수익률	55%

　2019년 10월 29일부터 3주에 걸쳐 현대자동차 주식을 1주당 평균 123,367원에 총 27주 구매했고, 총 투자 금액은 3,330,900원이었어. 이것 역시 10개월 정도 그대로 뒀다가 지난 8월에 수익률

을 확인해보니 5,157,000원으로 불어나 있었어. **55% 상승**한 거지.

아까 세계 전기차 시장에서 현대차가 5위 내에 든다고 했지? 그럼 1위는 어느 회사일까? 바로 '테슬라'야. 우리나라에서도 요즘 테슬라 자동차가 많이 보이더라고. 그런데 아빠 말씀이 테슬라는 차 가격이 좀 비싼 편이라서, **합리적인 가격에 전기차를 타려는 사람들은 현대차를 선택할 가능성이 크다고 해. 전기차뿐 아니라 수소차 산업에서도 현대자동차의 시장경쟁력은 점점 더 강해질 것 같아.** 그래서 나는 현대자동차 주식도 앞으로 계속 갖고 있을 생각이야.

카카오, 엔씨소프트에 이어서 다시금 중요한 사실을 확인하게 되었어. 이젠 이 책을 읽는 친구들도 거의 외우다시피 했지?

가성비 높은 기업을 골라

그 기업의 주식을 최대한 저렴하게 구매해서

충분히 시간을 갖고 기다린다!

이 점을 꼭 기억해두자!

LG생활건강

나는 세 번의 투자에서 IT 회사 두 군데, 자동차 회사 한 군데를 선정했어. 네 번째로는 어떤 기업을 선택할지 고민하면서 아빠와 이야기를 나누었지. 아빠는 **우리가 매일 접하는 생활용품을 만드는 회사 가운데서도 가성비 높은 기업이 많다**고 하셨어. 그중 대표적인 회사가 바로 LG생활건강이야.

LG생활건강은 주로 화장품이나 치약, 칫솔, 비누, 샴푸 등 우리가 매일 쓰는 생활용품을 제조하는 회사야. 원래는 LG화학에 속해 있다가 2001년 4월에 분할, 신설되었대.

세상이 아무리 디지털로 바뀐다고 해도 이 닦고 목욕하고 화장품 바르는 일은 해야 하잖아. 그러니 치약, 비누, 샴푸, 화장품 같은 제품은 계속해서 필요하겠지. 그리고 LG생활건강이 2007년에 한국코카콜라도 인수했대. 우리가 자주 마시는 음료수가 LG생활건강 제품이라는 거지.

엘라스틴 했어요!

LG생활건강은 우리나라의 생활용품 회사 중에 1등 기업이니까 현재의 기업가치는 매우 높고, 사람들이 지금도 쓰고 앞으로도 계속해서 쓸 제품을 만드니까 미래에도 꾸준히 성장할 회사라고 볼 수 있어.

이런 이야기를 아빠와 나눈 끝에, 나의 네 번째 투자 기업으로 LG생활건강을 선택했어. 투자 방식은 앞선 세 번의 투자와 똑같아. 자, 투자 결과를 보여줄게.

| LG생활건강 투자 내역 |

3회 분할 구매			
날짜	1주당 가격(원)	주식 수(주)	총 구매 비용(원)
2019년 11월 1일	1,285,000	1	1,285,000
2019년 11월 8일	1,253,000	1	1,253,000
2019년 11월 15일	1,233,000	1	1,233,000
	평균 1,257,000	총 3	총 3,771,000
2020년 9월15일	1,533,000	3	4,599,000
		수익률	22%

LG생활건강 주식은 다른 투자종목에 비해 가격이 상당히 높았어. 1주당 평균 가격이 1,257,000원이었지. 그래서 한 번에 1주씩 총 3주만 구매했어. 2019년 11월에 투자를 시작해 10개월 정도 묻어둔 후 지난 9월에 수익을 살펴보니 **<u>22%</u>** 수익이 났더라고. 3,771,000원 투자했는데 4,599,000원으로 불어난 거야!

LG생활건강은 꾸준히 성장할 가능성이 큰 회사라고 생각해.

아빠와 나의 진짜 투자 이야기

생활에 필요한 제품들을 만들어내니까 말이야. 세상이 아무리 변해도 우리가 씻고 가꾸고 마시는 일은 꼭 할 테니까, 기업의 가치가 떨어질 일은 없지 않을까? 그래서 LG생활건강 주식도 앞으로 쭉 갖고 갈 예정이야.

자, 그럼 이제 다 같이 외쳐볼까?

가성비 높은 기업을 골라
그 기업의 주식을 최대한 저렴하게 구매해서
충분히 시간을 갖고 기다린다!

주가를 매일 들여다보지 마라!

잠시 숨 좀 돌릴 겸, 우리 아빠가 여러 번 강조하신 '주식투자에 임하는 자세'에 대해 이야기해볼게.

내가 본격적으로 투자를 시작하고 나니까 주가가 오르는지 떨어지는지 무척 궁금하더라고. 요즈음은 스마트폰 앱으로 바로바로 주식을 확인할 수 있으니, 내 투자가 어떻게 되고 있는지 종종 들여다봤지. 그런데 아빠가 주가를 매일 확인하지 말라고 하시는 거야.

이유를 여쭤봤더니, 자꾸 들여다보면 주가가 오르락내리락하는 것에 민감해져서 **좀 오른다 싶으면 마음이 설레면서 주식을 더 살까 하는 생각이 들고, 그러다 좀 떨어지기라도 하면 조바심 나면서 더 떨어지기 전에 팔아버릴까 하는 생각도 든다는 거지.**

그래서 투자 전에 미리 기업 분석을 충분히 하고 어디에 투자하면 좋을지 목록을 쭉 작성해본 후, 해당 기업의 주가 변동을 살펴보다가 적당한 가격이 되면 3회 정도 나눠 구입하고는 그냥 그 돈이 사라진 것처럼 묻어두고 잊어버리는 게 좋대.

곰곰이 생각해보니 아빠 말이 정말 맞는 것 같았어. 나도 앱으로 주가를 자주 확인해봤을 때는 마음이 싱숭생숭하고 머리가 복잡하더라고.

비슷한 예를 들어볼까? 노트북 같은 고가 제품을 큰맘 먹고 사놓고는 다음 날 다시 그 제품을 검색하면서 가격이 떨어졌는지 올랐는지 살펴볼 때 있지? 내가 샀을 때보다 저렴해지면 속상하고 비싸지면 기분 좋고, 뭐 그렇잖아. 그런데 나에게 필요한 물건을 적당한 가격에 구매했다면 그냥 마음 놓고 쓰면 되는 거지, 그 후에 가격이 오르는지 떨어지는지 살펴볼 이유가 있을까? 정신건강에 안 좋기만 할 뿐인데.

주식도 똑같아. 자꾸 주가 들여다보며 당장의 이익과 손해에 연연하지 말고, 진득하게 지켜보는 게 좋겠더라고. 그래서 아빠 말씀에 따라 주가를 매일 보지 않으려고 과감하게 앱을 삭제해 버렸어!

아빠가 잘했다고 하시면서 다시 한 번 강조하셨어. **주식을 본 격적으로 시작하기 전에 미리 공부하면서 가성비 높은 기업을 선택 해놓고, 저렴한 가격대를 노리고 있다가 구매한 후 충분히 기다리 는 게 주식투자의 핵심이라고.**

까먹을까 봐 한 번 더 이야기하는데, 가성비 높은 기업이란 현 재 기업가치가 높고 미래의 성장성도 좋은 기업을 말해. 가성비 높은 기업을 찾는 방법은 뒷부분 PART 4에서 자세히 알려줄게!

05

셀트리온

다시 내 투자 이야기로 돌아와볼까? 벌써 다섯 번째 투자야.

아빠와 내가 고른 다섯 번째 투자 기업은 바로 **셀트리온**이야. 네 번째까지는 중3이었던 나도 많이 들어본 기업에 투자했었는데, 셀트리온이라는 회사는 처음 들어봤어. 아빠가 **생명공학 관련 회사**도 한번 살펴보자고 하시면서 추천해주셨지.

셀트리온은 **생명공학 기술과 동물세포 대량배양기술을 기반으로 항암제 등 각종 단백질 치료제를 개발, 생산하는 회사**야. 세계 최초로 자가면역질환 치료용 바이오시밀러인 '램시마'를 개발해서 2016년에 미국 FDA로부터 판매 승인을 받기도 했대. 그야말로 **한국 바이오 기업의 대명사**라 불릴 만한 회사라고 해.

아빠 말씀을 듣고 인터넷으로 검색을 해보니 생명공학 관련 용어가 많이 나와서 어떤 회사인지 자세하게 이해하기가 좀 어렵기는 했지만, 그래도 우리나라 바이오 업종의 1등 기업에 투자해보자는 아빠의 제안을 받아들여 투자를 결정했어. 그럼 셀트리온 투자 결과를 보여줄게.

| 셀트리온 투자 내역 |

3회 분할 구매			
날짜	1주당 가격(원)	주식 수(주)	총 구매 비용(원)
2019년 11월 19일	175,300	6	1,051,800
2019년 11월 26일	173,000	6	1,038,000
2019년 12월 1일	164,700	6	988,200
	평균 171,000	총 18	총 3,078,000
2020년 9월 18일	290,000	18	5,220,000
		수익률	70%

2019년 11월 19일부터 3주에 걸쳐 셀트리온 주식을 1주당 평균 171,000원에 총 18주 구매했고, 총 투자 금액은 3,078,000원이었어. 이것 역시 10개월 정도 그대로 뒀다가 지난 9월에 수익률을 확인해보니 5,220,000원으로 불어나 있었어. **70% 상승**한 거지.

아빠와 나의 진짜 투자 이야기

생명공학에 대해서는 거의 아는 게 없었고 셀트리온도 잘 모르는 기업이었는데, 이렇게 오른 것을 보니 역시 가성비 높은 기업이구나 싶었어. 특히 셀트리온은 코로나 바이러스 치료제도 개발하고 있다고 하니, 앞으로 더욱 성장할 가능성이 크다고 할 수 있겠지? 셀트리온 주식도 계속 갖고 있을 생각이야.

투자에 대한 내 확고한 철학은 이번 투자에서도 증명되었어.

가성비 높은 기업을 골라

그 기업의 주식을 최대한 저렴하게 구매해서

충분히 시간을 갖고 기다린다!

06

LG화학

여섯 번째 투자 기업은 바로 **LG화학**이야. 네 번째 투자 기업이 었던 LG생활건강을 소개할 때 LG화학이라는 회사 이름이 나왔 었지? LG화학은 맨 처음 화장품 사업으로 출발했는데, 이후 플 라스틱을 비롯한 각종 합성수지 제품 생산과 석유화학 산업 등 으로 영역을 확장했어. 현재는 석유화학 부문, 전지 부문, 첨단 소재 부문, 생명과학 부문 등으로 분야를 나누어 사업을 펼치고 있지.

그중에서도 LG화학은 **세계가 인정한 전기차 배터리 제조회사** 라고 해. 세계 시장에서 반도체는 삼성전자가 이끌고 있다면, 전 기차 배터리는 LG화학이 주름잡고 있다고 해도 과언이 아니야. 앞서 현대자동차 투자에서 이야기했듯 전기차 시장이 점점 커

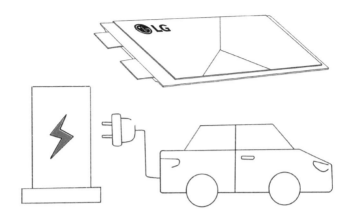

지고 있으니, 그 차들에 배터리를 공급하는 LG화학에 투자를 안할 이유가 없는 거지.

그래서 신념을 갖고 LG화학에 투자를 시작했어. 2019년 12월 10일부터 3회에 걸쳐 LG화학 주식을 3주씩 구매했지. 평균 구매가격은 304,567원이었고, 총 투자 금액은 2,741,100원이었어.

9개월쯤 지나 수익률을 계산해보니 **135%**의 수익이 발생해 6,435,000원이 됐더라고! 아빠가 그러시는데, 이것이 **가치성과 성장성을 모두 갖춘 기업들의 놀라운 점**이래. 앞에서도 이야기한 **1등의 효과**가 그대로 나타나는 거지.

| LG화학 투자 내역 |

3회 분할 구매			
날짜	1주당 가격(원)	주식 수(주)	총 구매 비용(원)
2019년 12월 10일	299,000	3	897,000
2019년 12월 17일	301,200	3	903,600
2019년 12월 23일	313,500	3	940,500
	평균 304,567	총 9	총 2,741,100
2020년 9월 15일	715,000	9	6,435,000
		수익률	135%

앞으로 LG화학은 어떻게 될까? 지금도 세계 1위인데, 전기차 배터리 시장은 점점 더 커질 테니 미래는 더욱 밝겠지?

LG화학은 앞으로 배터리 부분만 따로 떼어내어 독립회사를 만들고 다시 상장한다고 해. 그러면 나는 LG화학에서 독립하는 배터리 전문 회사도 투자할 생각이야. 분리되더라도 1등의 효과는 계속될 테니까 말이야.

'1등만 기억하는 더러운 세상'이라는 말도 있었지만, 1등을 선택해서 나도 성장하면 더 좋은 것 아닐까?

아빠와 나의 진짜 투자 이야기

07

종합 성적

자, 이렇게 나의 여섯 번의 투자 이야기를 모두 마쳤어. 그럼 2019년 9월에 시작한 1년간의 투자 활동을 종합해서 보여줄게. 짜잔!

기업	주식 수	총 투자 금액 2019. 09~	현재 금액 2020. 09	수익	수익률
카카오	30	3,420,000	11,130,000	7,710,000	225%
엔씨소프트	6	3,112,000	5,382,000	2,270,000	73%
현대차	27	3,330,900	5,157,000	1,826,100	55%
LG생활건강	3	3,771,000	4,599,000	828,000	22%
셀트리온	18	3,078,000	5,220,000	2,142,000	70%
LG화학	9	2,741,100	6,435,000	3,693,900	135%
계	93	19,453,000	37,923,000	18,470,000	95%

총 6개의 기업에 투자를 했어. 2019년 9월 17일에 첫 주식 구매를 시작해서 12월 중순까지 구매를 마쳤고, 총 투자 금액은 19,453,000원이었어. 대략 9개월에서 12개월이 지난 시점인 2020년 9월 하순에 투자 결과를 표로 정리해보니, 수익률은 무려 95% 정도 되었어. 성인식 축의금과 내 전 재산을 모두 모은 종잣돈 2,000만 원이 2배 가까이 불어난 거지.

여섯 번의 투자를 종합해서 이렇게 표로 정리해보니 정말 신기하지 않니? 난 그저 아빠의 조언을 듣고, 그리고 전매님과 박매님과 아빠 동료분의 투자 이야기를 듣고 따라해보았을 뿐인데, 이런 수익을 얻게 되다니 말이야.

특별한 비법은 없어. 여러 번 이야기했던 투자의 핵심을 잘 기억하기만 하면 돼.

가성비 높은 기업을 골라
그 기업의 주식을 최대한 저렴하게 구매해서
충분히 시간을 갖고 기다린다!

아빠와 나의 진짜 투자 이야기

08

이렇게 2년 더 투자한다면?

중학교 3학년 생일이 지난 어느 날 주식투자를 해보면 어떻겠느냐는 아빠의 권유에 따라, 아빠와 주식에 관해 많은 이야기를 나누고 공부도 하면서 투자를 시작했어. 종잣돈 2,000만 원이 1년 사이 약 3,800만 원으로 불어났고, 수익률은 95%야. 그렇다면, 이렇게 앞으로 2년을 더 투자하면 어떻게 될지 한번 살펴볼까?

지난 1년간 95%의 수익을 기록했지만, 앞으로의 예상 수익률은 이것보다는 안전하게 40%로 잡아볼게. 즉 1.4배 수익을 얻을 수 있다고 보는 거지. 이렇게 2년 더 투자한다면 내가 만 19세가 되는 2023년 9월에는 얼마로 불어나 있을지 계산해봤어.

기간	투자 비용(원)	수익률(%)	계(원)
2019.09~2020.09	19,453,000	95	37,923,000
2020.09~2021.09	37,923,000	40	53,092,200
2021.09~2022.09	53,092,200	40	74,329,080
2022.09~2023.09	74,329,080	40	104,060,712

우아! 19세 내 생일에는 1억 원이라는 어마어마한 금액을 나에게 선물해줄 수 있을 거 같아! 물론 어려울 수도 있겠지. 그런데 난 될 확률이 더 높다고 봐. 이유는 아주 간단해.

그것은 우리나라 기업 가운데 세계적으로 인정받는 뛰어난 기술을 보유한 기업들이 많이 있기 때문이야.

세계적인 기술의 한국 기업들

가성비 높은 기업이란 현재의 기업가치가 높고 미래 성장성도 좋은 기업이라고 했지? 이 조건을 충족할 수 있는 산업 분야를 먼저 한번 살펴볼까?

아빠와 나의 진짜 투자 이야기

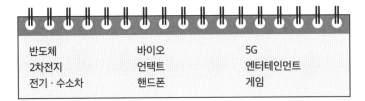

반도체	바이오	5G
2차전지	언택트	엔터테인먼트
전기·수소차	핸드폰	게임

향후 10년 이상 주류가 될 산업군임을 한눈에 알 수 있지? 가성비가 높은 산업이라고 할 수 있어. 그럼 이 분야에 속하는 우리나라 기업에는 어떤 회사들이 있을까?

분야	대표 기업
반도체	삼성전자, DB하이텍, 서울반도체, 솔브레인, SK머티리얼즈, 후성 등
2차전지	LG화학, 삼성SDI, SK이노베이션, 엘앤에프, 에코프로비엠, 천보 등
전기·수소차	현대자동차, 기아자동차, 한화솔루션, 효성중공업, 두산퓨얼셀 등
바이오	셀트리온, 삼성바이오로직스, SK케미칼, 지트리비앤티, 녹십자 등
언택트	카카오, 네이버, KG모빌리언스, 나이스정보통신 등
핸드폰	삼성전자, 삼성전기, LG이노텍, 심텍 등
5G	삼성전자, SK텔레콤, 케이엠더블유, 에이스테크, 옵트론텍, 비에이치 등
엔터테인먼트	스튜디오드래곤, 삼화네트웍스 빅히트, JYP 등
게임	엔씨소프트, 넷마블, 카카오게임즈 등

이런 회사들은 하나의 거대한 선단을 구성하고 있어서, 하나

만 뜨는 게 아니라 산업 카테고리 전체가 함께 뜨게 되어 있는 거야. 이렇게 세계 시장을 이끌어나갈 수 있는 기업들이 한국에 많이 있다는 게 정말 뿌듯해. 투자를 시작할 생각이 있다면, 내가 말한 카테고리를 염두에 두고 거기에 속한 기업을 택하는 것도 아주 좋은 방법일 거야. 잘되는 기업에 집중하는 게 당연한 투자의 원칙이니까.

투자라는 게 생각보다 어렵지 않아. 내가 1년 동안 공부하고 투자하면서 확신한 내용을 잘 기억해두기만 하면 돼. 어떻게 하면 된다고?

가성비 높은 기업을 골라

그 기업의 주식을 최대한 저렴하게 구매해서

충분히 시간을 갖고 기다린다!

포트폴리오를 구성하라

투자에서 아주 중요한 개념 중 하나가 바로 **적절히 분산된 포트폴리오**를 구성하라는 거야. '포트폴리오'라는 말을 국어사전에서 찾아보니 '다양한 투자 대상에 분산하여 자금을 투입해 운

아빠와 나의 진짜 투자 이야기

용하는 일'이라고 나와 있네.

주식 격언에 '계란을 한 바구니에 담지 마라'는 말이 있는데, 이 말이 포트폴리오의 중요성을 잘 말해주고 있어. **한 종목에 투자하기보다는 다양한 종목, 다양한 산업 카테고리에 적절히 분산하여 투자해야 한다**는 거지. 이렇게 해야 하는 이유는 손실을 최소화하기 위해서야.

그래서 나는 6개 종목에 분산하여 투자를 진행했어. 일종의 포트폴리오 전략을 구성한 거야. 내 투자 종목과 산업 분야를 한눈에 봐볼까?

기업	산업 분야
카카오	모바일, 언택트
엔씨소프트	게임
현대자동차	전기·수소차
LG생활건강	생활용품
셀트리온	바이오
LG화학	화학, 2차전지

나는 모바일 쪽에서 카카오를, 게임 쪽에서는 엔씨소프트를, 생활용품 쪽에서는 LG생활건강을 선택하는 식으로 포트폴리오로 구성했어. 물론 카카오 한 군데에만 몰아서 투자했더라면 더 큰 수익이 날 수 있었겠지. 하지만 그건 지나고 보니 할 수 있는 이야기, 결과론이라고 봐. 카카오 하나에 집중투자 했는데, 만에 하나 잘못되었다면 손실이 엄청났겠지. 그래서 다양한 종목에 자산을 분산해 투자하는 방법이 더 안전한 거야. 이것을 **포트폴리오 분산 전략**이라고 해.

투자에서 수익을 올리는 것도 좋지만, 손실을 보지 않는 것이 더 중요하거든. 그러니까 더 큰 이득을 보려고 하기보다는 더 큰 손실을 줄이는 방향으로 투자를 해야 한다는 거야.

아빠와 나의 진짜 투자 이야기

적절히 분산된 포트폴리오, 투자에서 아주 중요한 전략이라는 거 꼭 기억해둬!

팔랑귀가 되지 마라

주식투자에서 중요한 지침이 또 한 가지 있어. 바로 **팔랑귀가 되면 안 된다**는 거야.

팔랑귀 알지? 다른 사람이 하는 말에 잘 흔들리는 사람을 일컫는 말이잖아. 일상생활에서도 팔랑귀는 좋다고 볼 수 없지만, 특히 주식투자를 할 때는 팔랑귀가 되는 것을 꼭 경계해야 한대. 왜 그럴까?

주식은 돈이 왔다 갔다 하는 시장이잖아. 돈을 많이 벌고 싶은 마음은 누구나 똑같으니, "이 종목은 반드시 오를 거다!"라는 말을 들으면 그쪽으로 움직이게 되지. 또 "주가가 떨어질 거다!"라는 말을 들으면 주식을 어서 팔고 싶고 말이야. 그런데 이렇게 남의 말을 듣고 돈을 넣었다 뺐다 하면 과연 수익을 올릴 수 있을까? 거의 불가능하다고 봐. 앞서 이야기한, 주가를 매일 확인하지 말라고 한 맥락과 비슷해.

그래서 주식투자를 시작했다면 **남의 말을 듣고 투자를 진행하기보다는 나만의 지식과 기준, 그리고 신념이 꼭 있어야 해.** 내가 지난 1년간 투자를 해보니까 진짜 그렇더라고. 주식시장이라는 게 정치, 경제, 사회 상황에 정말 많은 영향을 받고 있었어. 몇몇 종목은 코로나19로 인해 폭락하거나 폭등하기도 했고, 미국 대통령 선거라든지, 뭐 이런저런 이슈로 주식시장 변동이 심했지. 그만큼 여기저기서 다양한 소문이 들리는 것도 사실이야.

그럼에도 불구하고 내가 마음을 다잡을 수 있었던 것은 아빠와 했던 굳은 약속 덕분이었어. **가성비 높은 기업을 골라, 그 기업의 주식을 최대한 저렴하게 구매하고, 충분한 시간 동안 기다리는**

아빠와 나의 진짜 투자 이야기

것. 그리고 다른 사람 말을 듣지 않고, 주가를 매일 확인하지 않고, 그저 **내가 신중하게 선택한 종목들을 믿는다**는 약속 말이야.

자, 이제까지 내가 1년 동안 주식투자를 하면서 보고 배우고 느낀 점들, 내 소중한 경험들을 이야기해보았어. 어때? 재미있었니? 다소 지루했다면 그래도 잘 참고 여기까지 와줘서 고마워! 지금부터는 주식투자를 할 때 실질적으로 도움이 되는 정보를 알려주려고 해. 계속 함께할 거지?

PART 4

가성비 높은 기업을 찾는 비법

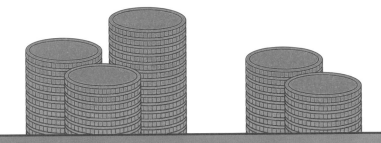

어떤 기업을 선택할 것인가?

내 투자 이야기를 하는 동안 내가 '가성비 높은 기업'이라는 말을 적어도 스무 번은 넘게 한 것 같지? 그러면 대체 가성비 높은 기업은 어떻게 골라야 하는 건지 정말 궁금했을 거야. 자, 드디어 그 비법을 이야기해줄 시간이야!

가성비 높은 기업의 조건은 여러 가지가 있겠지만, 그 가운데서 가장 중요한 기준은 이 두 가지야.

☑ 미래를 바꿀 기업인가?
☑ 재무제표는 튼튼한가?

이 기준에 대해 좀 더 자세히 알아보자!

미래를 바꿀 기업인가?

미래를 바꿀 기업이란 **소비자 행동을 바꿔놓는 기업**을 말하는 거야. 몇몇 기업의 예를 들어보자. 아마존닷컴, 애플, 페이스북, 구글, 마이크로소프트, 테슬라 등을 생각해봐.

아마존닷컴은 온라인 쇼핑이라는 거대한 트렌드를 만들어냈

고, 애플은 세상에 없던 스마트폰으로 사람들의 생활을 다 바꾸어놓았고, 페이스북은 사용자가 30억 명이 넘을 정도로 세계적인 비즈니스가 되었어. 구글 역시 새로운 검색엔진과 유튜브 등으로 엄청난 변화를 만들고 있지. 전기자동차로 유명한 기업 테슬라의 CEO인 일론 머스크는 우주 개발에도 투자한다고 해! 그야말로 새로운 소비자 행동을 만들어내고 있지. 이렇게 소비자 행동을 근본적으로 바꾼 기업에 일찍부터 투자했다면 그 결과는 어땠을까? 어마어마한 수익을 보지 않았을까?

그런데 이 기업들의 과거는? 혁신적이었던 만큼 미래는 불투명했고 위험해 보이기도 했고 오랫동안 적자가 나기도 했어. 그래서 초기에는 주가가 아주 낮은 상태에 머물러 있었지. 그렇지만 시간이 지나면서 결과적으로 이 기업들은 **소비자 행동을 근본적으로 바꿔놓았고, 전통적 기업들의 지배적 위치를 교체하고 있어.**

이런 기업을 세우고 경영해 나가는 사람들을 보면 정말 대단해 보여. 내가 이런 회사를 차릴 수 있으면 더욱 좋겠지만, 그러는 게 쉽지 않다면 이런 기업의 주주가 되어 투자하는 것만으로도 훌륭한 효과를 얻지 않겠니? 생각해봐. 몇 년 전에 이들 기업의 주식을 사서 주주가 되었다면 지금쯤 몇 배, 몇십 배, 몇백 배의 수익을 내고 있을 거야. 그런데 이 사실을 과연 몇 년 전에는 몰랐을까? 아빠 말씀으로는 그 당시에도 대부분은 알고 있었대. 그런데 의심만 하면서 주주가 되려고 결심하지는 않은 거지. 간단히 말하면 알고는 있었지만 행동하지 않은 거야. 지금도 이런 기업들은 적지 않다고 해.

이처럼 미래를 바꿀 수 있는 기업들이 미국에만 있고 우리나라에는 없을까? 당연히 있지! 그것도 많이. 앞서 이야기한 삼성전자, LG화학, 삼성SDI, 삼성전기, 현대자동차, 카카오, 네이버 등이 미래를 바꿀 수 있는 기업이라고 생각해. 이렇게 생각하는 이유는, **그 기업들이 속해 있는 시장의 성장성과 그 기업들의 지배력이 대단하기 때문이야.** 그 시장이 성장하고 있는지, 그 안에서 해당 기업의 지배력은 어느 정도인지를 살펴보면 미래를 바꿀 기업인지 알 수 있다는 거지.

예를 들어, 반도체 시장은 앞으로 어떻게 될 것 같니? 4차 산업혁명이 이루어지고, 사물인터넷이 증가하고, 인공지능 로봇과 자율주행 자동차가 늘어나면, 반도체 수요는 엄청나게 커지겠지. 그런데 이 반도체 시장의 세계 1등이 삼성전자야. 지금까지는 메모리 분야 1등인데, 비메모리 분야에서도 영향력이 더 커질 것으로 예상되고 있어. 그러면 기업가치는 어떻게 될까? 당연히 더욱 올라가겠지.

향후 2차전지 시장은 커질까? 각종 모바일 기기가 우리 생활을 주름잡고, 전기차 보급이 점점 늘어나는 상황이니 당연히 성장하겠지. 그렇다면 이 2차전지 시장의 최후 승자는 누가 될까? 이런 질문을 기준 삼아 기업을 선택하면 되는 거야.

앞으로 자율주행차, 전기·수소차 시장은 어떻게 될까? 크게 성장하겠지. 바이오 시장은 또 어떨까? 물어보나 마나 가파르게 성장할 거야. 이뿐만 아니야. 언택트, 인터넷, 모바일, 게임, 5G, 엔터테인먼트 등의 시장에 대해서도 같은 기준으로 생각해보고 적절한 기업을 발굴하면, 지금까지보다 더 좋은 결과를 얻을 수 있지 않을까? 나는 당연히 그렇다고 생각하고, 아빠도 그렇게 될 것이라고 해.

지금도 성장하는 산업과 기업은 반드시 존재한다

어떤 어려움이 있어도 사람들은 그 문제를 해결하고, 나아가 더 좋은 결과를 만들어내지. 그것이 지금의 문명을 만들어낸 인

류의 업적이야. 따라서 아무리 힘들어도 더 좋은 기술은 나오기 마련이고 성장하는 산업도 나오기 마련이고, 그곳에서 1등을 차지하는 기업이 있기 마련인 거야.

그러니까 우리는 이렇게 미래를 바꿀 산업과 기업을 탐색하고 추론하고 공부해서 그 시장과 기업에 대해 믿음을 가진 후, 적절한 시점에 주식을 구매해서 기다리면 되는 거야.

우리 아빠가 그러시는데, **위대한 기업과 동업하는 것이 가장 훌륭한 투자 방법**이래. 정말 맞는 말인 것 같아. 내가 비록 위대한 기업을 직접 세우지는 못하더라도, 주식 구입이라는 방법으로 그 위대한 기업에 투자를 하면 주주로서 기업을 공동 운영하는 것이나 마찬가지 아니겠어?

잊지 마. 미래를 바꿀 기업을 발견하고 여기에 투자해서 기다리는 게 가장 중요한 투자 방법이야!

02

재무제표는 튼튼한가?

앞에서 말한 '미래를 바꿀 기업'에 투자하는 것이 더 근본적인 방법인데, 시간이 꽤 걸리기는 해. 그러니 보다 더 현실적인 방법을 병행할 수 있어. 그 방법은 바로 **재무제표**를 이용하여 기업의 가치를 판단하는 거야.

기업은 해마다 기업실적을 발표하는데, 증권시장에 상장된 기업들은 연간 4번의 실적을 발표하게 되어 있어. 이 실적 발표를 보면 투자와 관련한 몇 가지 중요한 지표들이 있어. 이 지표들을 모아놓은 표를 '재무제표'라고 해.

이 재무제표에 있는 내용 가운데 일부를 이용하여 현재 가치와 미래 성장성이 높은 기업을 발굴할 수 있어. 이와 관련된 내용은 다음 파트인 '재무제표 뽀개먹기'에서 조금 더 자세하게 설명할 거야. 일단 여기에서는 간략하게 재무제표의 주요 지수를 이용하여 그 기업의 가치를 추정하고 미래의 가치 상승을 예측하는 법을 알려줄게.

재무제표에서 가성비 높은 기업을 찾을 수 있는 아주 중요한 지표는 **매출의 증감, 영업이익의 증감, 당기순이익의 증감**이야. 이 지표들을 살펴보면 장기적으로 기업가치가 얼마나 성장할지를 알아볼 수 있어. 물론 이 방법은 100% 확실하다기보다 대략의 경향성으로 판단하는 거야.

더 확실하고 옳은 방법이라면 기업공시나 뉴스, 경쟁사의 활동 등을 파악하고, 비즈니스 모델의 발전성, 리더십 등을 종합적으로 살펴보면서 판단하는 것이 되겠지. 그렇지만 대략의 경향성으로 파악하는 것 역시 꽤 유용한 방법이니 잘 활용해보면 좋겠어.

03

재무제표로 기업의 가성비 따지기

현재의 시가총액과 미래의 시가총액을 비교하라

기업의 투자 가성비를 판단할 수 있는 가장 유용한 방법 중 하나가 현재의 시가총액과 미래의 시가총액을 비교하는 거야. **'시가총액'이란 해당 기업의 모든 주식을 그날의 종가로 계산해 합산한 금액**이야.

주식 1주의 금액을 평가하는 것보다 시가총액을 비교하는 것이 더 중요해. 왜 그럴까? 그건 회사별로 주식 1주의 가격과 발행 주식 수가 모두 다르기 때문이지. 내가 구매한 주식으로 예를 들어볼까? 구매 당시를 기준으로 각 주식의 1주당 금액을 살펴보면, 카카오는 평균 114,000원이고 엔씨소프트는 518,667원이야. 현대자동차는 123,367원, LG생활건강은 무려 1,257,000원이지. 이렇게 회사마다 주식 가격이 제각각이야. 그러니 주식 1주의 금액만을 비교하는 것은 자칫 오해를 불러올 수가 있어. **주식 1주의 가격과 해당 기업에서 발행한 주식의 총 수량을 곱한 시가총액이 그 기업의 실제 기업가치**인 거야.

이 시가총액은 다시 두 가지로 구분해볼 수 있어. 현재의 시가총액과 미래의 시가총액이지. 만약 **현재 시가총액 < 미래 시가총액**이라면 **현재의 기업가치가 낮다는 뜻**이니까 구매를 고려할 수 있어. 반대로, **현재 시가총액 > 미래 시가총액**이라면 **현재 기업가치는 높지만 미래의 성장성은 떨어진다는 뜻**이니 그런 주식을 구매하는 건 신중히 생각해봐야겠지. 그러니 미래의 시가총액을 계산해내는 것은 당연하면서도 아주 중요한 절차야.

주가 예측의 기준
현재 시가총액 < 미래 시가총액 → 주가는 상승할 것이다.
현재 시가총액 > 미래 시가총액 → 주가는 하락할 것이다.

그런데 흥미롭게도 주식투자를 하는 사람 중에 이 당연한 계산을 이해하고 적용하는 사람이 5%도 채 되지 않는다고 해. 이것을 모르고 주식투자를 하는 건 그냥 깜깜이 투자를 하는 것과 마찬가지인데 말이야.

내가 주식투자를 하면서 경제방송을 1년 정도 꾸준히 보았는데, 대부분 차트만 보면서 이야기하지, 현재의 시가총액과 미래의 시가총액을 비교하는 사람은 내 기억으로는 없었어. 이것도 정말 흥미로운 사실이야. 기업의 시가총액이 그 기업의 실제 가치인데, 이것에 대해 말하는 전문가가 없다는 것이 말이야.

이 책을 보는 친구들은 기업의 실제 가치인 시가총액을 계산하는 법을 배우게 될 테니, 이것을 통해 기업의 미래 성장성을 판단할 수 있게 될 거야.

자, 그럼 이제부터 현재 시가총액과 미래 시가총액을 알아보는 방법을 알려줄게. 조금 어려울 수 있겠지만 천천히 나를 따라오면 잘 이해할 수 있어!

가성비 높은 기업을 찾는 비법

미래의 시가총액을 구하는 방법

❶ 미래 당기순이익 × 동일 업종 PER = 미래의 시가총액
❷ 미래 당기순이익 × 종목 예측 PER = 미래의 시가총액
❸ 미래 당기순이익 × 종목 예측 ROE × 100 = 미래의 시가총액

미래의 시가총액을 구하는 방법은 여러 가지가 있는데, 내가 주로 보는 방법은 위의 3가지 공식으로 미래의 시가총액을 구하고 이것의 패턴을 보는 방법이야. 이제부터 하나씩 설명해줄게.

❶ 미래 당기순이익 × 동일 업종 PER = 미래의 시가총액

첫 번째로는 **미래의 당기순이익에 동일 업종 PER을 곱한 값을**

<u>미래 시가총액으로 간주하고, 이것을 현재의 시가총액과 비교하는</u>
<u>거야.</u> 어려운 용어가 슬슬 나오고 있지? PART 5에서 더 자세히 설명할 테지만, 여기서도 이해를 돕기 위해 간단히 말해줄게.

<u>PER</u>은 'Price to Earning Ratio'의 약자로 우리말로 하면 **'주가 수익률'**이라고 해. 주식시장에서 거래되고 있는 주식 1주의 가격이 주당순이익의 몇 배인지, 그러니까 하나의 주식이 얼마만큼의 수익을 내는지 알려주는 지표야.

좀 복잡하지? 내가 투자한 '카카오'의 기업 자료를 함께 보며 알기 쉽게 설명해볼게!

기업의 재무제표와 같은 자료들은 다양한 방법으로 쉽게 구할 수 있는데, 가장 대중적이면서 접근하기 쉬운 곳이 바로 포털사이트의 증권 코너야. 투자할 기업을 고를 때 꼭 필요한 정보들이 자세하게 나와 있지.

포털사이트 '네이버'의 증권 코너에서 '카카오'를 검색해봤어. 다음 페이지의 그림을 보면 오른쪽 상단에 시가총액, 시가총액 순위, 상장 주식 수, 투자의견, 동일 업종 PER 등이 나와 있지?

가성비 높은 기업을 찾는 비법

이것들이 카카오의 2020년 9월 17일 현재 시점의 지표들이야.
카카오의 시가총액은 약 32조 7천억 원, 동일 업종 PER은 146.51
배로 나와 있네.

2020년 9월 17일 기준

현재 시가총액은 알았으니, 이제 이제는 미래 시가총액을 구
해서 서로 비교해볼까? 그런데, 미래의 시가총액은 미래가 되어
봐야 알 수 있는데 어떻게 구한다는 거지? 그래서 우리는 '추정'
을 할 건데, 추정하는 방법의 하나가 바로 앞서 말한 '미래 당기
순이익 × 동일 업종 PER'이야. 이 값을 미래의 시가총액으로 간
주하는 거지.

그렇다면 미래의 당기순이익은 어디에서 찾느냐고? 이것도
아주 쉬워. 증권 코너 아래쪽으로 조금 더 내려가면 아래와 같은

더 자세한 표가 나와 있어. 그걸 보면 되는 거야.

주요 재무 정보	카카오의 최근 연간 실적			
	2017.12	2018.12	2019.12	2020.12
매출액(억원)	19,723	24,170	30,701	39,583
영업이익(억원)	1,654	729	2,068	4,398
당기순이익(억원)	1,251	159	-3,419	4,291
영업이익률(%)	8.28	3.02	6.73	11.11
순이익률(%)	6.34	0.66	-11.14	10.84
ROE(%)	2.91	1.04	-5.81	7.61
부채비율(%)	42.27	41.45	52.21	
당좌비율(%)	189.41	146.51	127.98	
유보율(%)	11,781.26	12,219.62	12,027.79	
EPS(원)	1,602	613	-3,585	4,765
PER(배)	85.50	168.01	-42.82	76.50
BPS(원)	59,336	64,897	63,732	67,002
PBR(배)	2.31	1.59	2.41	5.44
주당배당금(원)	148	127	127	137
시가배당률(%)	0.11	0.12	0.08	
배당성향(%)	9.25	20.99	-3.46	

이 표는 2020년 9월의 자료인데 최근 연간 실적의 맨 오른쪽에 2020년 12월, 즉 3개월 후의 수치도 함께 나와 있어. 이 수

가성비 높은 기업을 찾는 비법

치를 보니 경제전문가들은 2020년 카카오의 당기순이익이 약 4,291억 원이 될 것으로 예측했네. 이것이 바로 미래 당기순이익이야.

이 미래 당기순이익에 동일 업종 PER를 곱해주면 미래의 시가총액을 추정할 수 있다고 했지? 한번 계산해보자!

미래 당기순이익 × 동일 업종 PER = 미래의 시가총액
(카카오) 4,291억 원 × 146.5 = 62조 8,630억 원

미래 당기순이익 4,291억 원에 동일 업종 PER인 146.5를 곱해보니 카카오의 미래 시가총액은 약 62조 8,630억 원이 돼.

그럼 카카오의 현재 시가총액과 미래 시가총액을 모두 알았으니 비교를 해볼까? 미래 시가총액에서 현재 시가총액을 뺀 값이 바로 **성장 가능 시가총액**이야.

미래 시가총액 - 현재 시가총액 = 성장 가능 시가총액
(카카오) 62조 8,630억 원 - 32조 7,048억 원 = 30조 1,582억 원

아래 그래프를 보면 2020년 9월 17일 현재 카카오의 현재 시가총액은 미래 시가총액보다 아주 저렴한 것을 알 수 있어. 그러니까 카카오의 시가총액은 시간을 두고 성장할 가능성이 아주 크다는 거지. 지금까지도 훌륭했지만, 카카오의 미래는 앞으로 더욱 밝다고 볼 수 있어.

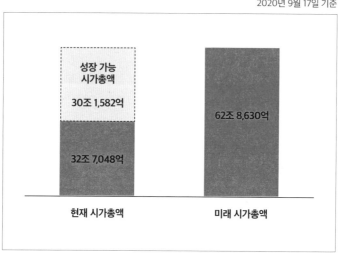

2020년 9월 17일 기준

성장 가능 시가총액
30조 1,582억

32조 7,048억

62조 8,630억

현재 시가총액   미래 시가총액

기업의 재무제표에는 당기순이익 외에도 매출액, 영업이익 등의 수치가 나와 있어. 이것들도 꼭 살펴봐야 할 지표들이야. **매출액과 영업이익 등이 연도별로 어떻게 변하고 있는지 알아보는 것도 매우 중요해.**

94쪽 카카오의 재무 정보를 보면, 카카오는 매출액이 해마다 늘고 있는데 이건 사업이 계속해서 잘되고 있다는 말이야. 영업이익은 2018년에 감소하기는 했지만 2019년에 다시 늘었고, 2020년 예상 영업이익은 전년도의 두 배가 넘네. 매출이 늘고 영업이익도 늘고 있으니, 훌륭한 기업이라 할 수 있겠지?

다만 2019년의 당기순이익이 −3,419억 원으로 나오는데, **당기순이익이 적자라는 것은 미래의 경영활동을 위해 투자를 많이 했다**는 뜻으로 해석할 수 있어. 서버도 증설해야 하고, 직원도 뽑아야 하고, 새로운 사업도 해나가야 하니까 그동안 벌어둔 돈으로 투자를 활발히 했다는 거지. 회사가 성장하면서 투자가 늘어나는 것은 좋은 신호라고 볼 수 있어. 비록 당기에는 적자가 나지만, 고객이 늘어나고 영업이익도 좋아질 테니 시간이 지나면 결과적으로 성장할 거라는 뜻이지.

여기서 잠깐! 한 가지 더 설명하고 넘어갈 게 있어.

앞에서 PER이 어떤 것인지 간단히 설명했지? 하나의 주식이 얼마만큼의 수익을 내는지 알려주는 지표라고 말이야.

한국 주식시장에 상장되어 있는 모든 기업의 PER은 보통 10 정도라고 해. 기업들의 주식이 평균적으로 10배의 수익을 내고 있다는 거지. 그런데 앞의 자료에서 봤듯이 카카오가 속한 언택트 인터넷 비즈니스의 평균 PER은 146.5 정도야. 이 업종에 속한 기업들의 주식은 한국 기업의 평균보다 무려 14배 이상 높은 평가를 받고 있다는 뜻이야.

카카오 사례를 통해 현재의 시가총액과 미래의 시가총액을 비교해서 성장 가능 시가총액을 구하는 방법을 알아보았어. 이러한 접근은 대략적으로 살펴보는 미래의 경향성이니까, 이 자료를 100% 믿지는 말고 투자할 기업을 선택하기 위한 하나의 잣대로만 참고하면 좋겠어.

❷ 미래 당기순이익 × 종목 예측 PER = 미래의 시가총액

미래 시가총액을 구하는 두 번째 방법을 알려줄게. 첫 번째 방법에서는 동일 업종 PER을 활용해서 구했는데, 이번에는 종목 예측 PER로 미래 시가총액을 추정해볼 거야. 미래 당기순이익은 같은 자료를 사용하면 되고, 동일 업종 PER 대신 종목 예측 PER로 수치를 바꾸어주면 돼. 어렵지 않지? 이 수치도 포털

　　　　　　　　　　　　　　가성비 높은 기업을 찾는 비법

사이트의 재무 정보 자료에서 찾을 수 있어. 역시 카카오로 설명해줄게.

주요 재무 정보	카카오의 최근 연간 실적			
	2017.12	2018.12	2019.12	2020.12
매출액(억원)	19,723	24,170	30,701	39,583
영업이익(억원)	1,654	729	2,068	4,398
당기순이익(억원)	1,251	159	-3,419	4,291
영업이익률(%)	8.28	3.02	6.73	11.11
순이익률(%)	6.34	0.66	-11.14	10.84
ROE(%)	2.91	1.04	-5.81	7.61
부채비율(%)	42.27	41.45	52.21	
당좌비율(%)	189.41	146.51	127.98	
유보율(%)	11,781.26	12,219.62	12,027.79	
EPS(원)	1,602	613	-3,585	4,765
PER(배)	85.50	168.01	-42.82	76.50
BPS(원)	59,336	64,897	63,732	67,002
PBR(배)	2.31	1.59	2.41	5.44
주당배당금(원)	148	127	127	137
시가배당률(%)	0.11	0.12	0.08	
배당성향(%)	9.25	20.99	-3.46	

이 자료에 나온 종목 예측 PER은 증권사들의 종목 리포트를

평균해서 구한 것인데, 당해 연말에 어느 정도의 PER이 만들어질지에 대한 대략의 합의값이라고 보면 돼. 주가는 날마다, 순간마다 변하니 정확한 것은 아니지만, 그래도 여러 증권사의 추정치를 평균한 것이니 이것도 사용하기에 아주 좋은 기준점이야.

이렇게 미래 당기순이익에 종목 예측 PER을 곱해주면 다음과 같은 결과가 나와.

> 미래 당기순이익 × 종목 예측 PER = 미래 시가총액
> (카카오) 4,291억 원 × 76.5 = 32조 8,262억 원

두 번째 방법으로 구한 카카오의 미래 시가총액은 약 32조 8,262억 원이야. 첫 번째 방법으로 구한 시가총액과는 차이가 꽤 크지? 이걸 어떻게 해석할지는 뒷장에서 알려줄게.

❸ 미래 당기순이익 × 종목 예측 ROE × 100 = 미래 시가총액

미래의 시가총액을 구하는 세 번째 방법이야. 앞의 두 방법보다 좀 복잡한데, 내가 할 수 있는 최선을 다해 간단하게 설명해줄게. 세 번째 방법에서는 종목 예측 ROE를 활용해.

ROE라는 새로운 용어가 나왔지? 조금 어려운 개념이긴 한데, 주식투자를 위해서는 꼭 알아둬야 하는 용어야. PART 5에서 자세히 설명할 텐데, 여기서는 이해를 위해 간단히 말할게.

ROE는 우리말로 **'자기자본 이익률'**이라 하고, 영어로 'Return On Equity'의 약자야. Return은 돌아온 결과를 뜻하고 Equity는 투자된 금액을 말하니까, ROE는 **경영자가 기업에 투자된 자본을 사용하여 어느 정도의 이익을 얻고 있는지를 보여주는 지표**야.

❶과 ❷의 방법으로 미래 시가총액을 계산하려면 PER 값이 필요한데, PER를 계산하지 못하는 경우가 꽤 있어. 그럴 때는 이 ROE 값을 대신 사용할 수 있다고 해. 복잡한 얘기지? 복잡하면 일단은 그냥 외우는 게 편해.

우리가 학교에서 수학 공식을 배울 때에도 이해가 잘 안 되면 그냥 외워서 문제에 적용하잖아? 이처럼 경제지표들도 그 의미가 상황에 따라 많이 변화하기 때문에, 완벽하게 이해하지 않고 그냥 적용하기도 해. 더 자세하게 알고 싶다면 재무제표 이해를 위한 회계학 공부를 한번 해봐도 좋을 거야.

99쪽의 카카오 재무제표에서 예측 ROE를 확인해보니 7.61이라고 나오네. 이 수치를 가지고 3번 공식에 따라 카카오의 미래 시가총액을 구하면 다음과 같아.

미래 당기순이익 × 종목 예측 ROE × 100 = 미래의 시가총액
(카카오) 4,291억 원 × 7.61 × 100 = 3조 2,654억 원

3가지 방법의 종합표 만들기

3가지 방법으로 카카오의 미래 시가총액을 구해보았지? 그 값들을 현재 시가총액과 비교하면 아래와 같은 표가 만들어져.

카카오 (2020년 9월 17일 현재)	
현재 주가	371,500원
시가총액 (t)	32조 7,048억 원
미래 당기순이익 (m)	4,291억 원
동일 업종 PER (a)	146.51
종목 예측 PER (b)	76.50
종목 예측 ROE (c)	7.61
❶ 미래 당기순이익 × 동일 업종 PER (m × a)	62조 8,630억 원
❷ 미래 당기순이익 × 종목 예측 PER (m × b)	32조 8,262억 원

❸ 미래 당기순이익 × 종목 예측 ROE × 100	3조 2,654억 원
(가) 동일 업종 PER 기반 성장 여력 비율 (❶ / t)	1.92
(나) 종목 예측 PER 기반 성장 여력 비율 (❷ / t)	1.00
(다) 종목 예측 ROE 기반 성장 여력 비율 (❸ / t)	0.10

카카오의 미래 시가총액을 3가지 방식으로 구해본 다음, 그 값들을 현재 시가총액으로 나눠주면 (가), (나), (다)와 같은 수치가 나와.

(가) 동일 업종 PER을 기반으로 한 미래 시가총액과 현재 시가총액을 비교해보면, 카카오 주식은 92%의 성장 여력이 있고,

(나) 종목 예측 PER을 기반으로 한 미래 시가총액과 현재 시가총액을 비교해보면 지금의 주식 가격이 적당하고,

(다) 종목 예측 ROE를 기반으로 한 미래 시가총액과 비교해보면 현재 시가총액이 10배가 더 많다고 나오지.

미래 당기순이익에 어떤 수치를 곱해주느냐에 따라 미래 시가총액이 매우 다르게 나오지? 이 중에서 어떤 값을 취할지를 결정해야 하는데, 선택은 사안에 따라 달라질 거야. 종목마다, 시장 상황마다, 평가 관점마다 다른 방식이 적용되어야 하니 "이

것이 정답이다"라고 말하기는 어려워. 다만 간편하게 판단하는 방식을 알려줄게.

우선 **성장 여력 비율 중 가장 낮은 값은 버리고, 가장 높은 값과 중간값의 평균 정도를 추정치로 사용하는 것이 가장 좋아.** 이것이 아빠가 오랫동안 주식투자를 해오면서 판단한 방법이라고 해.

그러니까, 앞의 표에서 (다)의 계산 결과는 버리고, (가)와 (나)의 평균값인 1.46 정도를 미래 성장률로 보는 것이 타당하다는 거야. 즉 **카카오 주식은 현재보다 46% 정도의 성장 여력이 있다**고 보는 거지. 2020년 9월 17일 현재 카카오 주가는 371,500원이니까, 여기에 46% 성장성을 고려한다면 최대 543,000원 정도를 기대할 수 있어.

그렇다면 지금 투자해야 할까, 하지 말아야 할까? 이 계산에 따르면 투자하는 것이 더 좋다고 볼 수 있겠지? 이게 맞을지 틀릴지는 확언할 수 없지만, 여기에 활용된 방법은 모두 주요 증권사의 애널리스트들이 논리적으로 분석한 것을 바탕으로 가성비를 추정한 거야. 그래서 나는 이 방법을 믿고 앞으로도 계속 투자 기준으로 삼으려고 해.

가성비 높은 기업을 찾는 비법

조금 복잡한 듯 보이지만, 차근히 해보면 그리 어렵지 않아. 이 방법 그대로 현대자동차와 삼성전자 주식도 한번 분석해볼까? 현대자동차와 삼성전자는 2020년 9월 29일 자료를 사용할게.

2020년 9월 29일 현재	현대자동차	삼성전자
현재 주가	178,500원	58,200원
시가총액 (t)	38조 1,398억 원	347조 4,413억 원
미래 당기순이익 (m)	3조 1,562억 원	25조 9,617억 원
동일 업종 PER (a)	23.74	17.56
종목 예측 PER (b)	17.78	15.34
종목 예측 ROE (c)	3.92	9.77
❶ 미래 당기순이익 × 동일 업종 PER (m × a)	74조 9,282억 원	455조 8,875억 원
❷ 미래 당기순이익 × 종목 예측 PER (m × b)	56조 1,172억 원	398조 2,525억 원
❸ 미래 당기순이익 × 종목 예측 ROE × 100	12조 3,723억 원	253조 6,458억 원
(가) 동일 업종 PER 기반 성장 여력 비율 (❶ / t)	1.96	1.31
(나) 종목 예측 PER 기반 성장 여력 비율 (❷ / t)	1.47	1.15
(다) 종목 예측 ROE 기반 성장 여력 비율 (❸ / t)	0.32	0.73

재무제표에 나온 수치를 가지고 현대자동차와 삼성전자 주식의 성장 여력 비율을 구해보았어. 카카오 사례에서 말했듯이, 성장 여력 비율 중에서 가장 낮은 값은 버리고, 가장 높은 값과

중간값의 평균 정도의 추정치를 사용하는 것이 좋아. 즉 (다)의 결과는 버리고 (가)와 (나)의 평균값을 구하는 거지.

그렇게 하면 **현대자동차 주식은 72%의 성장 여력이 있고, 삼성전자 주식은 23%의 성장 여력이 있다**는 결과가 나와. 이 값을 현재 주가에 대입해 계산하면 현대자동차는 주가가 306,656원까지 오를 수 있고, 삼성전자는 71,539원까지 성장 가능하다고 예측할 수 있어.

이렇게 보았을 때, 2020년 9월 29일 시점에서 현대자동차와 삼성전자에 투자하는 것은 어떨까? 당연히 투자하는 편이 더 좋다고 볼 수 있겠지?

물론 이것도 변화무쌍한 주식시장에서 대략의 방향성을 보여주는 지표로 참고해야지, 절대적으로 믿어서는 곤란해. 이 점을 꼭 기억해두자!

참고로 이 책이 출간되고 나면 우리 아빠가 이 계산 방법을 유튜브나 기타 교육을 통해서 알려주실 계획이 있으시대. 이런 입체적인 분석은 글보다는 강의를 통해 배우면 훨씬 더 이해하기 쉬울 거야. 지금 이 방식이 정말 복잡하다고 생각하는 친구들은 나중에 우리 아빠에게 다시 자세히 배워보면 좋겠어. 그때 나도 함께할게!

PART 5

고등학생도 할 수 있다!
재무제표 뽀개먹기

재무제표에서 무엇을 봐야 하지?

주식투자를 하려면 반드시 살펴봐야 하는 것이 PART 4에서 언급했던 기업의 재무제표야. 재무제표는 사람으로 치면 건강검진표와 같은 거라고 볼 수 있어. 건강검진은 키, 몸무게 등 신체치수는 물론, 혈압 측정, 간기능 검사, 심혈관 검사, 호흡기능 검사, 비뇨기 검사, 위·대장 내시경 등을 통해 우리 몸이 얼마나 건강한지 알아보는 거잖아.

사람이 건강검진을 받고 그 결과를 수치로 나타내듯이, 기업도 얼마나 튼튼한지 측정해보는 일이 꼭 필요한데, 기업의 건강 정도를 간단한 숫자 형태로 알아볼 수 있도록 나타낸 것이 바로 재무제표야. 이 재무제표를 본격적으로 살펴보자면 상당히 복잡하지만, 주식투자를 할 때에는 그 가운데 몇 가지 중요한 개념

만 알고 있으면 된다고 해.

그럼 재무제표를 어떻게 찾아봐야 할까? 정말 편리하게도 기업의 재무제표는 포털사이트 증권 코너에서 무료로 살펴볼 수 있어. 예전에는 이런 것을 일일이 기업열람을 통해 살펴보았다고 하는데, 지금은 인터넷으로 손쉽게 찾아볼 수 있으니 세상 정말 좋아졌지?

그럼 재무제표가 어떻게 생겼는지 한번 같이 봐볼까? 국내 최대 포털사이트인 네이버 증권 코너에 공시된 '네이버' 회사의 재무제표를 가져와볼게.

항목	네이버의 최근 연간 실적		
	2017.12	2018.12	2019.12
매출액(억원)	46,784.7	55,869.0	65,934.0
매출 총이익(억원)	46,784.7	55,869.0	65,934.0
판매비 외 관리비(억원)	34,992.8	46,443.7	58,833.3
영업이익(억원)	11,791.9	9,425.3	7,100.7
금융 수익(억원)	1,150.1	1,914.3	4,117.5
금융 원가	324.1	1,393.7	1,661.7
기타 영업외손익	-519.3	2,021.5	-245.3
법인세 비용	4,231.7	4,887.6	4,663.1
당기순이익(억원)	7,701.0	6,279.0	3,968.2

기타포괄이익	-1,428.6	58.8	1,387.3
총포괄이익	6,272.4	6,337.8	5,355.5
매출 총이익률(%)	100	100	100
영업이익률(%)	25.20	16.87	10.77
순이익률(%)	16.46	11.24	6.02
ROE(%)	18.50	12.97	10.56
EPS(원)	4,689	3,937	3,538
BPS(원)	32,429	35,847	39,913
CPS(원)	5,703	5,907	8,233
SPS(원)	28,386	33,898	40,005
PER(배)	37.10	30.99	52.72
PBR(배)	5.37	3.40	4.67
PCR(배)	30.51	20.65	22.65
PSR(배)	6.3	3.60	4.66
현금 배당 수익률(%)	0.17	0.26	0.20
현금 배당 성향(%)	5.50	7.07	9.38

어려운 용어와 숫자가 정말 많지? 이 많은 내용을 다 알 필요는 없어. 재무제표에서 우리가 주식투자를 할 때 살펴봐야 하는 지표들은 크게 5개 분야로 나눌 수 있어.

1. 기업의 성장성을 알려주는 지표

☑ 연도별 매출 증감률

　　　　　　　　　　　고등학생도 할 수 있다! 재무제표 뽀개먹기

☑ 연도별 영업이익 증감률

☑ 연도별 당기순이익 증감률

2. 기업의 건전성을 알려주는 지표

☑ 부채율

☑ 당좌비율

☑ 유보율

3. 기업의 이익성을 알려주는 지표

☑ EPS : 주당순이익

☑ PER : 주가수익률

☑ BPS : 주당순자산가치

☑ PBR : 주가순자산비율

☑ ROE : 자기자본 이익률

4. 주주 친화성을 알려주는 지표

☑ 배당률

5. (재무제표에는 없지만)발전성을 추정할 수 있는 또 다른 관점

☑ 시장지배력

- ☑ 핵심역량
- ☑ 대표이사의 리더십

처음 보는 용어들이 대부분이라 우선은 낯설고 어렵게 느껴질 거야. 하지만 어떤 기업에 투자할지 올바르게 판단하기 위해서는 이런 지표들은 꼭 알아두는 것이 좋대. 그리고 이런 정보를 하나씩 모아서 자신만의 기록으로 저장해놓으면 투자에 대한 판단을 내리는 데 큰 도움이 될 거야.

자, 이제부터 필수 지표들을 하나씩 차근히 설명해줄게. 낯선 용어들에다 숫자도 많이 나오니 다소 헷갈릴 수 있어. 집중해서 공부해보자!

01

기업의 성장성을 알려주는 지표

주요 재무 정보	네이버의 최근 연간 실적			
	2017.12	2018.12	2019.12	2020.12
매출액(억원)	46,785	55,869	65,934	74,804
영업이익(억원)	11,792	9,425	7,101	10,340
당기순이익(억원)	7,701	6,279	3,968	8,087

이 자료는 포털사이트인 네이버의 재무제표 중 일부를 가져온 거야. 여기에 **기업의 성장성을 알 수 있는 지표**가 나와 있어. 바로 **연도별 매출, 연도별 영업이익, 그리고 연도별 당기순이익**이야. 이 지표들의 증감률로 기업의 성장성을 판단할 수 있어.

매출액의 증감

네이버의 매출은 2017년 약 4조 7천억 원, 2018년 약 5조 6천억 원, 2019년 약 6조 6천억 원으로 꾸준히 늘어나고 있어. 매출은 기업의 성과를 단적으로 알 수 있는 지표이니, 네이버는 계속해서 좋은 성과를 보이는 기업이라고 할 수 있어.

영업이익의 증감

그다음으로 영업이익을 살펴보자. 영업이익은 매출액에서 매출 원가와 판매비, 관리비 등을 제한 값이야. 네이버의 영업이익은 2017년 약 1조 2천억 원, 2018년 9,400억 원, 2019년 7,100억 원이네. 2018년과 2019년에는 영업이익이 줄어들었는데, 2020년의 예상 영업이익은 1조 3백억 원으로 다시 늘어나고 있어.

매출액과 연동해서 본다면 매출도 증가하고 영업이익도 증가하고 있으니, 좋은 성과를 내고 있다고 할 수 있지.

당기순이익의 증감

이번에는 연도별 당기순이익을 보자. 당기순이익이란 영업이익과 영업 외 수익을 합한 값에서 영업 외 비용 및 세금을 빼고 남는 순이익을 말해. 이렇게 말로 구구절절 풀어서 설명하는 것보다 수식으로 간단하게 나타내면 이해하기가 더 쉬워.

영업이익 = 매출액 - (매출 원가 + 판매비 + 관리비)
당기순이익 = (영업이익 + 영업 외 수익) - 영업 외 비용 - 법인세

※ 영업 외 수익 : 이자 수익, 임대료 수익, 주식투자 수익 등
영업 외 비용 : 이자, 주식투자 손실, 할인료 등

그러니까 당기순이익은 해당 기수의 이런저런 비용을 모두 제하고 세금까지 내고 남은 **'순수한 이익'**을 말하는 거지. **주가를 계산할 때는 이 당기순이익이 가장 중심이 되는 지표**야. 경우에 따라 영업이익을 가지고 계산할 때도 있지만, 나는 조금 더 보수적 관점으로 영업이익보다 당기순이익을 사용해왔어. 당기순이익이야말로 최종적으로 기업에 얼마큼의 이익이 남느냐를 보여주는 지표니까 말이야. 물론 영업이익을 주요 지표로 사용해도 무방하다고 해. 상황에 따라 조금씩 변형해서 사용하면 될 거야.

그럼 115쪽의 네이버 재무제표를 다시 살펴보자. 네이버의 당기순이익을 보면 2017년 약 7,700억 원, 2018년 약 6,280억

원, 2019년 약 3,970억 원인데, 2020년의 예상 당기순이익이 약 8,087억 원이야. 사업에 재투자를 하고, 이런저런 비용도 쓰고, 세금까지 다 내고도 꾸준히 순이익이 발생하고 있음을 알 수 있어.

이렇게 매출액 증감, 영업이익 증감, 당기순이익 증감을 통해서 기업의 성장성을 판단할 수 있어. 우리가 사례로 살펴본 네이버는 성장성이 좋아 보인다고 판단할 수 있겠지?

02

기업의 건전성을 알려주는 지표

다음으로 기업이 얼마나 튼튼한지를 나타내는 지표를 살펴보자. 기업의 튼튼한 정도를 **기업의 건전성**이라고 말하는데, 이를 알 수 있는 지표로는 **부채율**과 **당좌비율**, 그리고 **유보율**이 있어.

부채율

부채율은 말 그대로 **기업에 부채, 즉 빚이 얼마나 있는지를 보여주는 지표**야. 오롯이 자기 돈만 가지고 사업을 하면 좋겠지만, 회사를 경영하다 보면 빚을 질 때가 더 많대. 그래서 대부분의 기업에 부채가 있다고 보면 돼. 자기자본과 비교해 빚이 얼마나 있는지를 퍼센트로 나타낸 값이 바로 부채율인데, 부채율은 다음 공식으로 구할 수 있어.

$$부채율 = \frac{부채\ 총계}{자기자본} \times 100$$

일반적으로 부채율 100% 정도까지는 괜찮다고 해. 그러니까 자기자본이 50억 원이라면 100%인 50억 원까지는 빚을 져도 기업 건전성에 문제가 없다는 거지. 이 내용을 토대로 네이버의 부채 상황을 살펴보자.

| 네이버 부채율 |

항목	2017.12	2018.12	2019.12
부채율(%)	51.16	66.09	89.11
부채 총계(억원)	27,140.7	39,320.5	57,956.0
자본 총계(억원)	53,051.9	59,491.4	65,039.3

네이버의 자본 총계가 2019년 약 6조 5천억 원인데, 부채 총계가 약 5조 8천억 원이야. 위의 공식에 따라 계산해보면 네이버의 부채비율은 89.1%가 되지. 아까 부채율 100%까지는 건전하다고 했는데, 네이버의 부채율은 89%니 정말 괜찮지? 부채율이 300%가 넘는 기업은 위험한 편에 속하니까 투자하지 않는 것이 좋대.

당좌비율

다음으로 '당좌비율'을 통해 기업의 건전성을 알아볼 수 있는데, 당좌비율이 무엇인지 먼저 설명해줄게. 기업이 보유한 현금 혹은 1년 안에 현금으로 바꿀 수 있는 자산을 '당좌자산'이라고 하고, 기업이 1년 안에 갚아야 하는 빚을 '유동부채'라고 해. 당좌비율이란 **당좌자산과 유동부채의 비율**로, 간단히 말하면 **1년 안에 현금으로 들어올 돈과 나갈 돈의 비율**이야.

당좌비율은 아래 공식으로 구할 수 있어.

$$당좌비율 = \frac{당좌자산}{유동부채} \times 100$$

일반적으로 기업투자의 관점에서는 **당좌비율 100%**를 기준으로 삼는다고 해. 당좌비율이 100%라는 말은 1년 안에 들어올 돈과 나갈 돈이 똑같다는 말이지. 그럼 100% 이상이면 당좌자산이 더 많다는 뜻이니까 튼튼한 기업이라 볼 수 있고, 반대로 100% 이하면 빚이 더 많다는 뜻이니 위험할 수 있겠지?

다음 표에서 네이버의 당좌비율을 살펴보자.

| 네이버 당좌비율 |

항목	2017.12	2018.12	2019.12
부채율(%)	51.16	66.09	89.11
당좌비율(%)	206.19	193.84	146.37
유보율(%)	36,789.46	41,077.90	44,216.06

네이버의 당좌비율은 2017년 206.19%, 2018년 193.84%, 2019년에는 146.37%야. 모두 100%를 훌쩍 뛰어넘는 수치네. 그러니까 네이버는 1년 안에 현금으로 마련할 수 있는 자산이 충분하다고 볼 수 있는 거야.

유보율

이번에는 유보율을 살펴보자. 유보율을 알려면 이익잉여금, 납입자본금이라는 용어를 알아야 해. **이익잉여금은 기업의 영업활동을 통해 생긴 순이익**을 말하고, **납입자본금은 기업 경영에 쓰이는, 납입이 완료된 자금**을 말해. 유보율은 이익잉여금과 납입자본금의 비율인데, 간단히 말해서 **영업활동을 통해 벌어들인 돈 가운데 회사에 남겨놓은 현금 비율**이라고 할 수 있지.

유보율은 아래 공식으로 구할 수 있어.

$$유보율 = \frac{이익잉여금}{납입자본금} \times 100$$

보통 유보율이 200%가 넘으면 건전하다고 본대. 기업에 현금이 충분하다는 거지. 어떤 기업은 유보율이 1000%가 넘기도 하는 반면, 100% 이하인 기업도 있어. 이런 경우는 현재 남아 있는 자금보다 이미 들어간 자본이 더 많다는 뜻이야. 이렇게 유보율이 낮은 기업은 아무래도 투자하기에 위험요소가 있겠지?

그럼 네이버의 유보율을 살펴보자.

| 네이버 유보율 |

항목	2017.12	2018.12	2019.12
부채율(%)	51.16	66.09	89.11
당좌비율(%)	206.19	193.84	146.37
유보율(%)	36,789.46	41,077.90	44,216.06

네이버는 2019년 기준 유보율이 44,216%야. 위에서 유보율

이 200%가 넘으면 건전하다고 했는데, 네이버는 무려 4만%가 넘으니 현금이 엄청 많다고 볼 수 있어. 그렇다면 갑자기 자금 문제가 생기더라도 잘 해결할 수 있겠지?

지금까지 기업의 건전성을 알 수 있는 지표들, 즉 부채율과 당좌비율, 유보율에 대해 알아보았어. 아빠와 나는 주식투자 종목을 선택할 때 이 지표들에 대해 다음과 같은 기준을 잡았어. 너희도 참고하면 좋을 거야.

☑ 부채율이 100% 이하면 좋다.
☑ 당좌비율이 100% 이상이면 좋다.
☑ 유보율이 200% 이상이면 좋다.

03

기업의 이익성을 알려주는 지표

매출액이 높은지, 기업의 재무상태가 건전한지 알아보았다면, 이번에는 **기업의 이익률이 높은지 아닌지**를 알아볼 차례야. 기업에서 이익이 나는 것보다 중요한 건 없겠지? 이것을 알아보기 쉽게 만들어놓은 지표들이 있어.

아빠 말씀으로는 이익성을 알려주는 많은 지표 가운데 5가지만 살펴봐도 충분하대. 더 전문적인 지식은 나중에 성인이 되어 공부할 기회가 있을 테니, 여기서는 5개 지표를 알아보자.

- ☑ EPS : 주당순이익
- ☑ PER : 주가수익률
- ☑ BPS : 주당순자산가치

☑ PBR : 주가순자산비율

☑ ROE : 자기자본 이익률

EPS(주당순이익)

먼저 EPS의 개념부터 알아보자. EPS는 'Earning Per Share'의 약자로, 여기서 Earning은 당기순이익이고, Share는 총 주식 수를 가리켜. 그러니까 **EPS는 당기순이익을 총 주식 수로 나눈 값**이지. 우리말로는 '**주당순이익**'이라고 하고, 주식 1주가 얼마의 순이익을 내는지를 나타낸 거야. 이 주당순이익은 투자할 회사의 이익성을 추정하는 데 아주 기본이 되는 지표인데, 아래 공식으로 구할 수 있어.

$$EPS(주당순이익) = \frac{당기순이익}{총\ 주식\ 수} \times 100$$

EPS 값이 크다는 건 주식 1주당 순이익이 많이 난다는 뜻으로, 일반적으로 이런 주식은 시간이 갈수록 주가가 높아지게 되어 있어. 해마다 EPS의 값이 커진다면 그건 더 좋은 지표가 될 거야. EPS 값이 작은 주식은 그만큼 순이익이 적다는 뜻이겠지. 이 수치도 모두 포털사이트의 증권 코너에 들어가면 쉽게 찾을 수 있어. 증권사 HTS에서도 이런 자료를 모두 제공하고 있지. 개인적으로 난 포털사이트 증권 코너가 편해서 자료를 대부분 거기서 찾곤 해.

PER(주가수익률)

그다음은 앞서 PART 4장에서 살펴보았던 PER, 주가수익률이야. PER은 **하나의 주식이 얼마만큼의 수익을 내는지 알려주는 지표**라고 이야기했지? PER 값으로 주식시장에서 거래되는 주가가 주당순이익의 몇 배로 형성되었는지 알 수 있는 거지. 그럼 이번에는 PER을 어떻게 구하는지 알아볼까? PER을 계산하는 공식은 두 가지야.

$$\text{(가) PER} = \frac{\text{주가(Price)}}{\text{주당순이익(EPS)}}$$

$$\text{(나) PER} = \frac{\text{시가총액}}{\text{당기순이익}}$$

먼저 (가) 방식으로 기업의 주가수익률을 계산해보자.

A와 B라는 기업이 있는데, 주가와 주당순이익이 아래와 같아.

	A기업	B기업
주가(원)	10,000	5,000
주당순이익(원)	1,000	1,000
PER(배)	10	5

주가(Price)는 주식시장에서 구매자와 판매자 사이에 결정되는 시장가격으로 매일 변동하지. 공식을 이용해 두 기업의 PER을 계산해보면 A기업의 PER은 10, B기업의 PER은 5가 나와. 즉 A기업의 주가가 주당순이익의 10배이고, B기업의 주가는 주당순이익의 5배라는 거지.

이것을 해석해보면 A기업의 주식은 상대적으로 고평가되었고, B기업의 주식은 상대적으로 저평가되었다는 거야. 물론 '상대적인' 것이니 상황에 따라 다르게 판단할 수도 있어. 그런 부분은 또 설명해줄게.

PER을 구하는 두 번째 방식을 살펴보자.

고등학생도 할 수 있다! 재무제표 뽀개먹기

$$(나) \text{ PER } = \frac{시가총액}{당기순이익}$$

이 공식이 어떻게 만들어졌는지부터 알아볼까?

(가) 공식에서 PER은 '주가(Price) ÷ 주당순이익(EPS)'이었는데, 앞서 주당순이익을 구하는 공식을 떠올려보면 EPS는 '당기순이익 ÷ 총 주식 수'였잖아. 그러면 이런 수식도 만들 수 있겠지?

$$\text{PER } = \frac{주가(Price)}{주당순이익(EPS)} = \frac{주가(Price)}{\dfrac{당기순이익}{총 주식 수}}$$

위의 수식에서 오른쪽 분수를 간단하게 만들면 아래의 결과가 나와. 이 정도는 기본적인 수학이니 다 할 수 있겠지?

$$\text{PER } = \frac{주가(Price)}{주당순이익(EPS)} = \frac{주가(Price)}{\dfrac{당기순이익}{총 주식 수}} = \frac{시가총액}{당기순이익}$$

이렇게 해서 'PER = 시가총액 ÷ 당기순이익'이라는 계산법이 나오게 된 거야.

그러면 배운 공식을 활용해봐야겠지? 네이버 재무제표에서
주요 지표를 가져와서 표를 만들고 (가)와 (나)의 방식으로 PER
을 구해보자!

네이버 재무제표의 주요 지표 (2020년 9월 20일 기준)	
시가총액(원)	약 47조 4,000억
당기순이익(원)	약 8,072억
현재 주가(원)	335,400
EPS(원)	5,747
PER(배)	58.6
BPS(원)	47,462
PBR(배)	6.3
ROE(%)	4.9

이 수치들은 2020년 9월 20일 네이버 증권 코너에 게시된 '네
이버' 회사의 재무제표 수치들이야. (가), (나)의 공식으로 PER
을 계산해서 실제 PER 값과 유사한지 살펴보자.

$$(가)\ PER\ =\ \frac{주가(Price)}{주당순이익(EPS)}\ =\ \frac{335,400}{5,742}\ =\ 58.41$$

고등학생도 할 수 있다! 재무제표 뽀개먹기

$$\text{(나) PER} = \frac{\text{시가총액}}{\text{당기순이익}} = \frac{47조\ 4천억}{8,072억} = 58.72$$

(가)와 (나)의 방식으로 각각 PER을 구해봤더니 결과가 비슷하게 나오지? 그리고 실제 공시된 PER 수치와도 유사해. 약간의 차이가 나는 것은 날마다 주가가 변동하기 때문이야. 넓게 보면 거의 같은 값이라고 할 수 있어. 이렇게 PER을 계산하는 방식 두 가지, 기억해두자!

PER은 대한민국 증권시장에 상장된 모든 기업에 대하여 같은 기준으로 계산하고 있는데, 앞서 PART 4에서 말한 대로 우리나라 기업의 평균 PER은 10~12 정도라고 해. 어떤 기업의 PER이 이것보다 높으면 평균 가치보다 높게 평가되고 있다고 볼 수 있어. 반대로 PER이 10보다 낮은 기업은 평균 가치보다 낮게 평가되는 것이니, 기업가치가 높아질 가능성이 크다고 볼 수 있겠지.

PER은 업종별, 종목별로 그 값이 다 달라. 반도체, 2차전지, 바이오 등 최근 이슈가 되고 있는 산업체의 PER은 10부터 150까지 다양하게 분포되어 있어. 업종별, 종목별로 다른 PER을 고려하는 방법은 뒷부분에서 더 자세히 설명해줄게!

BPS(주당순자산가치)

다음으로 주당순자산가치, BPS에 대해 알려줄게. 'Book Value Per Share'의 약자인데, **기업의 주식이 1주당 얼마의 가치를 지니고 있는지를 나타내는 지표**야. 기업의 총자산에서 부채를 빼면 기업의 순자산이 남는데, 이 순자산을 발행 주식 수로 나눈 값이 바로 BPS야.

BPS는 다른 말로 **'청산가치'**라고도 해. 지금 당장 기업을 청산한다면 얼마만큼의 돈이 나올지 그 가치를 나타내는 지표가 되기 때문이야. 파산 등의 이유로 사업을 접게 될 경우, 모든 자산을 처분하면 얼마간의 돈이 생길 테고, 그 돈에서 빚을 갚고 남은 금액을 기업의 주인인 주주들에게 주식 수에 따라 배분해주어야 하는데, 이때 주식 1주당 돌려줄 수 있는 돈의 규모가 바로 주당순자산가치, BPS야.

BPS를 계산하는 방식은 다음과 같아.

$$BPS = \frac{총자산 - 부채}{총\ 주식\ 수}$$

예를 통해서 더 쉽게 알아보자.

	A기업	B기업
총 주식 수(주)	10,000	10,000
총자산(원)	2,000	2,000
부채(원)	1,000	1,500
BPS(원)	$\dfrac{2,000만 - 1,000만}{10,000} = 1000$	$\dfrac{2,000만 - 1,500만}{10,000} = 500$

A기업과 B기업은 발행 주식 수가 같고 총자산도 같지만, 부채의 규모에 따라 BPS가 다르게 나오지? **BPS가 높다는 건 순자산이 많다는 뜻**이니 그런 기업은 이익률이나 건전성이 좋다고 볼 수 있겠지.

BPS는 오직 주식 1주당 순수한 기업 자산이 얼마 정도 되는지를 보여주는 거야. 그러니까 아주 보수적인 재무 지표라 할 수 있지. 그런데 기업의 실제 주가가 BPS보다 높은 경우가 많다고 해. 왜 그럴까? 기업활동은 단지 기업의 순자산만으로 계산되는 것이 아니라 미래가치, 투자기대 등이 보태지기 마련인데, BPS를 계산할 때는 그런 요소들이 반영되지 않기 때문이지.

어떤 기업의 실제 주가가 BPS보다 낮다면, 이 기업의 주식은 적
어도 BPS 수치만큼은 성장할 가능성 있다는 의미가 돼. 이것도
투자 기업을 선택할 때 아주 중요한 판단 기준이야.

PBR(주가순자산비율)

이번에는 실제 주가와 BPS를 비교할 수 있는 지표에 대해 알
아볼까? 바로 **주가순자산비율, PBR**야. **어떤 기업의 현재 주가가 1주**
당 순자산가치의 몇 배로 거래되는지를 나타낸 거지. PBR은 다음
공식으로 구할 수 있어.

$$PBR = \frac{현재\ 주가}{BPS}$$

예를 들어, 어떤 회사의 주가가 1만 원이고 BPS가 1만 원이라
면, 이 회사의 PBR은 1이 되는 거지.

PER과 마찬가지로 PBR도 대한민국 주식시장에 상장된 모든
기업에 대해 같은 기준으로 측정하는데, 그 기준값이 1이야. 그
러니까 PBR이 1보다 크면 실제 주가가 기업의 BPS보다 높게 형

성된, 주식시장에서 고평가된 기업이라고 볼 수 있어.

PBR이 1보다 작으면 주가가 기업의 BPS보다 낮은 것이니 그 기업은 저평가되었다고 볼 수 있지. 그래서 PBR < 1인 기업의 주가는 적어도 BPS 값만큼은 오를 가능성이 있어. 성장 가능성이 그만큼 크다는 거지. 이런 점도 투자할 기업을 고를 때 중요한 판단 기준이 되겠지?

ROE(자기자본 이익률)

기업의 이익성을 알려주는 지표 중에 그다음 설명할 지표는 PART 4에서 미래의 시가총액을 구할 때 알아보았던 ROE, 자기자본 이익률이야. **경영자가 기업에 투자된 자본을 사용하여 이익을 어느 정도 올리고 있는지를 보여주는 지표**라고 했었지? ROE를 계산하는 공식은 아래와 같아.

$$ROE = \frac{당기순이익}{자기자본} \times 100$$

여기서 자기자본은 자본금과 현금잉여금 등을 모두 합한 총

자산에서 부채를 뺀 값이야. 그러니까 **자기자본 이익률은 어떤 기업의 1년 당기순이익을 기업이 현재까지 만들어놓은 현금성 자본으로 나눈 거야.**

　　ROE 값이 10% 이상이면 훌륭한 기업이라고 볼 수 있대. 가치투자 전문가 워런 버핏 할아버지는 이 ROE를 매우 중요한 지표로 삼고 ROE가 평균 15% 이상 되는 기업에만 투자하신다고 해. 해마다 당기순이익을 많이 내는 것을 중요하게 여기는 거지. 그러니 우리도 투자할 기업을 판단할 때 ROE 10% 이상이라는 기준을 세워두면 좋겠지?

　　자, 지금까지 기업의 이익성을 나타내는 지표 중 대표적인 5가지에 대해 알아보았어. 5가지 지표를 살펴볼 때 고려해야 할 기준점을 다시 정리해볼까?

- ☑ EPS가 클수록 주가가 오를 가능성이 크다.
- ☑ PER가 10보다 작으면 주가가 오를 가능성이 크다.
- ☑ BPS가 현재 주가보다 높으면 주가가 오를 가능성이 크다.
- ☑ PBR이 1보다 작으면 주가가 오를 가능성이 크다.
- ☑ ROE이 10% 이상이면 순이익률이 높은 기업이다.

그러니까 **우리는 EPS 값이 크고, PER가 10보다 작으며, BPS 가 현재 주가보다 높고, PBR이 1보다 작으면서 ROE가 10% 이상 인 기업**을 찾으면 좋겠지?

물론 이 5가지 조건을 모두 만족하는 기업은 거의 없다고 해. 이 중 3가지만 충족되면 우리가 찾는 좋은 기업이라고 할 수 있을 거야.

앞서 살펴본 기업의 성장성과 건전성을 알려주는 지표들의 기준점도 다시 한 번 상기해볼까?

☑ 매출액과 영업이익, 당기순이익이 증가할수록 좋다.
☑ 부채율이 100% 이하면 좋다.
☑ 당좌비율이 100% 이상이면 좋다.
☑ 유보율이 200% 이상이면 좋다.

이 내용들을 꼭 기억해두자!

주요 지표의 이해

높을수록 좋다	낮을수록 좋다
EPS(주당순이익) $= \dfrac{\text{당기순이익}}{\text{총 주식 수}}$	PER(주가수익률) $= \dfrac{\text{현재 주가}}{\text{주당순이익}}$
ROE(자기자본 이익률) $= \dfrac{\text{당기순이익}}{\text{자기자본}}$	PBR(주가순자산비율) $= \dfrac{\text{현재 주가}}{\text{BPS}}$

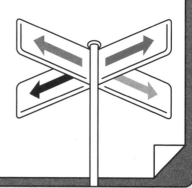

04

주주 친화성을 알려주는 지표 : 배당률

한 기업이 얻은 이윤 일부를 주주에게 나누어주는 것을 '배당dividend**'이라고 해.** 주식회사는 기본적으로 주식을 소유한 사람이 주인이니, 영업을 통해 얻은 이익을 주주에게 나누어주는 게 당연한 거지.

그런데 배당을 많이 하는 기업, 즉 이윤을 주주들에게 많이 돌려주는 기업이 있고, 또 배당을 잘 안 하는 기업도 있어. 투자자 입장에서는 아무래도 배당을 잘하는 기업이 더 좋지 않을까?

배당이 가지는 힘은 증시가 하락기에 있을 때 더욱 그 빛을 발휘해. 주가가 떨어졌다고 해서 주식을 바로 팔아버릴 수는 없으니, 투자자들이 어쩔 수 없이 오래 버텨야 하는 경우가 종종 발생하는데, 이때 배당수익률이 높으면 버티기가 나름 쉬워지기도 해. 그래서 투자할 때 배당률이 높은 기업을 선택하는 경향이 높아지고, 심지어 연말 배당수익률에 따라 12월 말에 투자 금액이 결정되기도 해.

금융주나 은행주 등은 전통적으로 배당률이 높아. 보통 배당은 연말에 결정되는데, 이때 이런 주식에 투자금이 왕창 들어왔다가 배당이 마무리되는 1월이면 우르르 빠져나가기도 해. 미국 주식시장은 특히 이 배당이 중요하다는데, 한국 주식시장에서 배당이 높은 회사는 은행, 증권회사 등으로 한정되어 있어. 배당률 높은 회사에 관심 있는 사람들은 투자를 고려해볼 만하지. 만약 이런 주식에 투자했는데 증시가 상승장이라면, 주가가 올라서 수익이 발생하는 데다 배당까지 많이 받으니 일거양득이 될 거야.

그러니까 우리는 실적이 좋으면서 배당률도 높은 기업을 선택하는 게 가장 좋겠지? 배당률은 포털사이트 증권 코너의 재무정보 자료에서 아래쪽에 표기되어 있어. 투자 종목을 선정할 때 참고해봐!

| 카카오의 배당률 |

주요 재무 정보	최근 연간 실적			
	2017.12	2018.12	2019.12	2020.12
매출액(억원)	19,723	24,170	30,701	39,583
영업이익(억원)	1,654	729	2,068	4,398
당기순이익(억원)	1,251	159	-3,419	4,291
영업이익률(%)	8.28	3.02	6.73	11.11
순이익률(%)	6.34	0.66	-11.14	10.84
ROE(%)	2.91	1.04	-5.81	7.61
부채비율(%)	42.27	41.45	52.21	
당좌비율(%)	189.41	146.51	127.98	
유보율(%)	11,781.26	12,219.62	12,027.79	
EPS(원)	1,602	613	-3,585	4,765
PER(배)	85.50	168.01	-42.82	76.50
BPS(원)	59,336	64,897	63,732	67,002
PBR(배)	2.31	1.59	2.41	5.44
주당배당금(원)	148	127	127	137
시가배당률(%)	0.11	0.12	0.08	
배당성향(%)	9.25	20.99	-3.46	

05

기업의 발전성을 추정할 수 있는 또 다른 관점

지금까지는 기업 재무제표의 주요 지표들을 살펴보며 투자 기업을 판단하는 기준을 알아보았어. 마지막으로 알아볼, 기업의 발전성을 추정할 수 있는 관점은 재무제표에는 없는 것들이야. 숫자로 드러나지 않으니 정확히 측정할 수는 없지만, 어찌 보면 기업의 성장성을 보여주는 더 중요한 기준이라 할 수 있어.

이런 관점도 아주 다양한 지표가 있겠지만, 우리는 일단 다음의 3가지를 살펴보도록 하자.

- ☑ 시장지배력
- ☑ 핵심역량
- ☑ 대표이사의 리더십

시장지배력

어떤 기업이 미래에 더 성장할 것인지를 평가할 때 가장 간단한 판단 기준이 바로 시장지배력이야. PART 3에서 나의 투자 이야기를 할 때 여러 번 강조했던 것 같은데, 투자를 할 때는 가능하면 **시장지배력이 있는 기업, 그 분야에서 1등인 기업을 선택하는 것이 좋아.** 지금 1등을 하는 기업이 앞으로도 1등을 유지할 가능성이 가장 크기 때문이야.

이게 바로 앞서 말했던 **'선도자의 이점 pioneer advantage'**야. 1등을 하고 있으면 인지도 측면에서 유리하고, 그러면 선호도가 높아지면서 소비자로부터 더 많은 선택을 받는 거지. 결론적으로 시장지배력이 높은 기업은 돈을 더 많이 번다는 것이니, 그 돈으로 새롭게 투자하고 신기술을 도입하거나 개발할 수 있겠지. 그러면 시장에서 더 앞서 나가는 선순환이 이루어지는 거야.

그러니까 한 분야의 1등 기업에 주목하는 것이 효과적이야. 특히 가파르게 성장하는 산업 분야에서 1등을 달리는 기업이라면, 성장성과 미래 가치는 말할 것도 없이 엄청나겠지?

기업의 시장지배력, 아주 중요하게 고려해야 할 요소라는 점을 기억하자.

핵심역량

다음으로 살펴볼 요소는 핵심역량이야. **기업의 구성원들이 갖고 있는 기술이나 지식 등의 모든 능력**을 말하는데, 이 핵심역량이 있는 기업이라면 장기적으로 더욱 성장할 수 있겠지. 반면 핵심역량이 없는 기업이라면, 지금은 괜찮을 수 있어도 장기적으로는 발전해나가기 어려울 거야. 그렇기 때문에 기업이 연구개발에 얼마만큼 노력을 기울이고 있는지 꼭 살펴볼 필요가 있어.

예를 들어볼까? 삼성전자는 매출액의 7% 정도를 연구개발비로 쓴대. 미래의 경쟁은 결국 기술력에 의해 좌우되니까 매출액의 일정 부분을 새로운 기술 개발에 투자하는 거지. 삼성전자가 세계적인 반도체 회사로 성장하게 된 비결은 바로 이 연구개발에 특별한 노력을 기울여왔기 때문이야.

그런데 핵심역량은 단지 기술에 한정되는 것이 아니야. 다른 차원에서도 다양한 핵심역량이 있대. 예컨대 **기발한 마케팅 전략이나 철저한 고객 관리 등도 기업의 핵심역량이 될 수 있어.**

어떤 측면이 됐든 내가 선택하려는 기업에 다른 곳과 차별되는 핵심역량이 있는지 잘 따져보는 게 중요해.

대표이사의 리더십

시장에서 1등을 하고 핵심역량도 충분히 갖춘 기업을 물색했는데, 마지막으로 살펴봐야 할 요소는 무엇일까?

성공한 투자자들이 최종 선택 단계에서 투자할지 말지를 결정하는 요소가 바로 대표이사의 리더십이라고 해. 그 기업의 대표가 얼마나 신뢰할 만한 사람인지, 의지가 굳은지, 추진력이 있는지, 덕망은 있는지, 성과를 내는지, 인맥은 어떤지 등을 면밀히 살펴본다는 거야.

대표의 능력과 의지, 그리고 네트워크의 힘이 그 회사의 미래를 가늠하는 아주 중요한 잣대가 되기 때문이지.

만약 대표이사가 거짓말 잘하고, 성실하지 않고, 약속을 지키지 않는다면, 그런 회사의 장래는 어두울 거야. 그래서 대표이사의 리더십이 아주 중요해.

PART 6

여러 기업의 주가 변동 시뮬레이션

재무제표로 주가 변동을 예측해보자

PART 4와 PART 5에서 투자하기 좋은 종목을 어떻게 선택해야 하는지 살펴보았는데, 그중에 재무제표를 통해 기업의 주가가 상승할지 하락할지 예측하는 방법이 있었지? 이번 PART 6에서는 그 방법을 더 많은 기업으로 확장해서 적용해보려고 해. 여러 기업의 재무제표 수치를 가지고 계산해서 주가가 오를지 내릴지 시뮬레이션을 해보는 거지. 이건 혼자서도 분석할 수 있는 능력을 키우려는 것이니까, 복습한다는 차원에서 살펴봐주면 좋겠어.

먼저, 앞서 배웠던 기업의 미래 시가총액을 구하는 3가지 방법을 다시 떠올려볼까?

❶ 미래 당기순이익 × 동일 업종 PER = 미래의 시가총액
❷ 미래 당기순이익 × 종목 예측 PER = 미래의 시가총액
❸ 미래 당기순이익 × 종목 예측 ROE × 100 = 미래의 시가총액

이 공식에 필요한 수치들은 기업 재무 정보에 모두 나와 있으니, 계산기나 엑셀 프로그램을 이용해서 계산하는 건 어렵지 않겠지? 그럼 이 공식을 이용해서 몇몇 기업의 향후 주가 변동을 한번 예측해보자.

무작위로 선택한 9개 기업을 3개씩 묶어서 각 기업의 주가와 주요 지표, 그리고 수치를 가지고 계산해서 표를 만들어보았어. 먼저 **LG전자**와 **CJ제일제당**, 그리고 반도체용 PCB를 생산하는 **심텍**의 결과를 살펴볼까?

2021년 1월 15일 기준	LG전자	CJ제일제당	심텍
현재 주가	140,000원	437,000원	23,150원
시가총액 (t)	22조 9,107억 원	6조 5,787억 원	7,374억 원
미래 당기순이익 (m)	9,328억 원	9,323억 원	692억 원
동일 업종 PER (a)	36.56	12.17	64.24

종목 예측 PER (b)	12.30	8.91	9.75
종목 예측 ROE × 100 (c)	13.05	15.18	31.31
❶ 미래 시가총액 (m × a)	34조 1,032억 원	11조 3,461억	4조 4,454억 원
❷ 미래 시가총액 (m × b)	11조 4,734억 원	8조 3,068억 원	6,747억 원
❸ 미래 시가총액 (m × c)	12조 1,730억 원	14조 1,523억 원	2조 1,667억 원
(가) 동일 업종 PER 기반 성장 동일 여력 비율(❶ / t)	1.49	1.72	6.03
(나) 종목 예측 PER 기반 성장 여력 비율(❷ / t)	0.50	1.26	0.91
(다) 종목 예측 ROE 기반 성장 여력 비율(❸ / t)	0.53	2.15	2.94

LG전자의 경우, 가장 낮은 성장 여력 비율인 (나) 값을 제외하고 나머지 결과를 평균 내면 1.01이 나와. 그러니까 LG전자는 현재 주가가 적절한 것으로 판단돼. 지금은 투자할 만한 시점이 아닌 것 같고, 향후 조정이 있으면 그때 투자를 고려해보는 게 좋을 듯해.

같은 방식으로 계산하니 CJ제일제당은 1.94, 심텍은 4.48이 나왔어. 이 결과에 따르면 LG전자보다 CJ제일제당과 심텍의 투자 효율성이 더 높다고 볼 수 있어.

이번에는 반도체 테스트 전문업체인 **테스나**, 폴리이미드 필름을 생산하는 **PI첨단소재**, 그리고 디스플레이 장비 제조업체인 **아이씨디(ICD)**의 결과를 살펴보자.

2021년 1월 15일 기준	테스나	PI첨단소재	아이씨디
현재 주가	55,000원	41,000원	17,800원
시가총액 (t)	8,118억 원	1조 2,040억 원	3,195억 원
미래 당기순이익 (m)	239억 원	428억 원	455억 원
동일 업종 PER (a)	22.18	66.24	85.94
종목 예측 PER (b)	38.11	28.13	6.96
종목 예측 ROE × 100 (c)	12.85	16.01	27.07
❶ 미래 시가총액 (m × a)	5,301억 원	2조 8,351억 원	3조 9,103억 원
❷ 미래 시가총액 (m × b)	9,108억 원	1조 2,040억 원	3,167억 원
❸ 미래 시가총액 (m × c)	3,071억 원	6,852억 원	1조 2,317억 원
(가) 동일 업종 PER 기반 성장 동일 여력 비율(❶ / t)	0.65	2.35	12.24
(나) 종목 예측 PER 기반 성장 여력 비율(❷ / t)	1.12	1.00	0.99
(다) 종목 예측 ROE 기반 성장 여력 비율(❸ / t)	0.38	0.57	3.86

성장 여력 비율 중에 가장 낮은 값을 제외하고 평균해보니 테스나는 0.89, PI첨단소재는 1.68, 아이씨디는 8.05가 나와. 테스나

주식은 지금 시점에 투자 효율성이 낮은 것 같고, PI첨단소재와 아이씨디는 투자 효율성이 꽤 높은 종목으로 보여.

삼성SDI와 식품회사 **오뚜기**, FPCB 제조업체인 **비에이치**도 시뮬레이션을 해봤어.

2021년 1월 15일 기준	삼성SDI	오뚜기	비에이치
현재 주가	737,000원	573,000원	22,650원
시가총액 (t)	50조 6,795억 원	2조 1,040억 원	7,582억 원
미래 당기순이익 (m)	6,483억 원	1,238억 원	621억 원
동일 업종 PER (a)	198.53	28.40	64.24
종목 예측 PER (b)	87.22	17.34	12.09
종목 예측 ROE × 100 (c)	4.71	9.07	19.75
❶ 미래 시가총액 (m × a)	128조 7,07억 원	3조 5,159억 원	3조 9,893억 원
❷ 미래 시가총액 (m × b)	56조 5,447억 원	2조 1,467억 원	7,508억 원
❸ 미래 시가총액 (m × c)	3조 535억 원	1조 1,229억 원	1조 2,265억 원
(가) 동일 업종 PER 기반 성장 여력 비율(❶/t)	2.54	1.67	5.26
(나) 종목 예측 PER 기반 성장 여력 비율(❷/t)	1.12	1.02	0.99
(다) 종목 예측 ROE 기반 성장 여력 비율(❸/t)	0.06	0.53	1.62

여러 기업의 주가 변동 시뮬레이션

성장 여력 비율 중에 가장 낮은 값을 제외하고 평균을 내보니 삼성SDI는 1.83, 오뚜기는 1.35, 비에이치는 3.44라는 수치가 나왔어. 이 결과에 따르면 삼성SDI와 오뚜기의 주식은 각각 83%, 35%의 성장 여력이 있고, 비에이치 주식은 2배 넘게 오를 가능성이 있다는 거지. 세 기업의 주식 모두 지금 시점에 투자 효율성이 꽤 높은 종목으로 보이지?

이처럼 각종 수치와 공식으로 계산한 후 도표를 만들어서 자신만의 분석툴로 사용하면, 투자 종목을 선정할 때 아주 효과적인 방법이 될 수 있어.

그런데 한 가지 잊지 말아야 할 것! 앞의 표는 내가 하고 있는 분석 방법을 보여주기 위해 무작위로 9개 기업을 선정해서 시뮬레이션을 해본 거야. 이렇게 구한 결과값도 날마다 변동하는 주가에 따라 변하니 절대적인 수치는 아니고, 특정 종목을 추천하는 건 더더욱 아니야. 그러니 **각자에게 맞는 분석 방법을 알아보고 공부해서 자신만의 관점으로 투자 기업을 선정하는 게 좋겠지?**

어떤 방법을 택하든 간에, 이렇게 나름 복잡한 형식으로 분석하는 이유는 다음의 기준에 따라 주식투자를 하기 위함이야. 앞에서도 여러 번 이야기했지만, 매우 중요한 것이니 다시 한 번 강조해도 되겠지?

가성비 높은 기업을 골라

그 기업의 주식을 최대한 저렴하게 구매해서

충분히 시간을 갖고 기다린다!

PART 7

적절한 구매 시점을 찾아라

주식을 '언제' 사야 할까?

우리 아빠와 내가 합의한 투자에 대한 약속이자 성공하는 투자의 원칙을 다시 한 번 되새김해볼까?

1. 가성비 높은 기업을 골라

2. 그 기업의 주식을 최대한 저렴하게 구매해서

3. 충분히 시간을 갖고 기다린다!

PART 4, 5, 6에서는 1번과 관련된 내용, 즉 가성비 높은 기업을 선택하는 방법에 대해 알아보았어. 지금부터는 2번 항목, <u>**저렴한 시점에 주식을 구매하는 방법**</u>을 알려주려고 해.

사실 언제 주식을 사야 하는지, 구매 시점을 잡는 방법은 엄청나게 많아. 그런 다양한 방법들도 충분히 참고할 만하지만, 내가 1년 정도 주식투자를 해보니까 자신만의 패턴을 만드는 게 무엇보다 중요한 것 같아.

구매 시점을 잡는 수많은 방법 가운데, 아빠가 나에게 알려주셨고 또 내가 이 책에서 알려주고 싶은 방법은 두 가지야.

☑ 추세선을 이용하는 방법
☑ 이동평균선을 이용하는 방법

역시 용어부터가 좀 어렵지? 표, 차트, 그래프 등이 많이 나오니 더 막막하게 느껴질 수도 있어. 나도 처음에는 뭐가 뭔지 하나도 몰랐는데, 꾸준히 들여다봤더니 이제는 어느 정도 눈에 들어오더라고. 그리고 이 두 가지가 가장 기본적인 방법이라고 하니, 심기일전해서 차근히 알아보자!

01

추세선을 이용하는 방법

저항선과 지지선

먼저 추세선을 이용해서 구매 시점을 잡는 방법을 알려줄게. 추세선이란 말 그대로 추세를 보여주는 선인데, 주가가 일정 기간 움직이는 방향을 알기 쉽게 표시하려고 고점과 저점을 이어놓은 선을 말해. 그림을 보면 쉽게 이해될 거야.

옆의 그림에서 중간의 파란 선이 주가의 변동을 나타내는 거야. 위로 뾰족한 점, 즉 주가의 고점을 연결하면 하나의 선이 나오는데 이것을 **저항선**이라고 해. 더 높이 올라가는 것에 저항하려고 한다는 의미지. 그리고 저점끼리 연결한 선은 **지지선**이라고 하고, 이것은 더 떨어지는 것을 막아준다는 뜻으로 볼 수 있어.

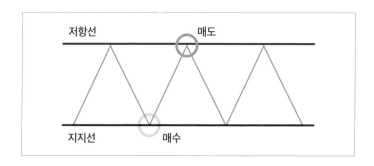

지지선에 다다랐다는 건 주가가 많이 떨어졌다는 것이니 구매할 만한 시점인 거고, 저항선에 다다른 건 주가가 최고로 오른 것이니 주식을 팔아도 될 시점이야. 정리하면, **지지선에서 주식을 매수하고 저항선에서 주식을 매도**하라는 거지.

그런데 위의 그림은 주가 추세를 아주 간단하게 나타낸 것이고, 여기에 약간의 변화가 있을 수 있어. 아래 그림을 살펴보자.

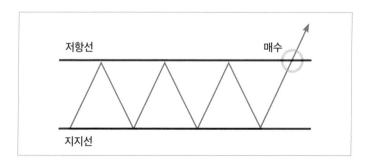

주가가 3번의 파동을 반복하다가 저항선을 돌파하고 있지? 이처럼 주가가 저항선을 뚫고 올라갈 때 주식을 매수하면 새로운 가격대가 만들어지는 경우가 많아. 지금껏 도달한 적 없는 높은 가격, 즉 **신고가(新高價)**가 형성되는 거지. **이때 주식을 사고자 한다면 주식 거래량을 잘 살펴봐야 해.** 거래량이 증가한다면 그 힘이 커져서 주식의 상승 여력이 더욱 강해지거든.

여기까지는 이해를 돕기 위해 저항선과 지지선이 수평인 모양으로 설명했는데, 실제 주식시장에서는 수평관계가 아니라 추세상승, 추세하락과 함께 오는 경우가 많아.

추세상승 구간의 매수·매도

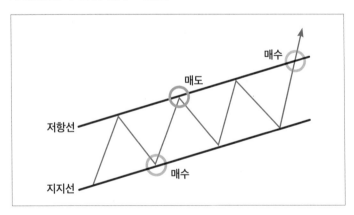

적절한 구매 시점을 찾아라

왼쪽 그림처럼 주가가 상승과 하락을 반복하기는 하지만 전반적으로 올라가고 있을 때, 즉 추세상승 구간에서도 저항선과 지지선을 그을 수 있어. 앞서 살펴본 수평 모양과 마찬가지로 저항선과 지지선을 보면서 매수, 매도 시점을 판단할 수 있지. 또한 주가가 저항선을 돌파한다면 추가 매수를 고려할 만해.

추세하락 구간의 매수 · 매도

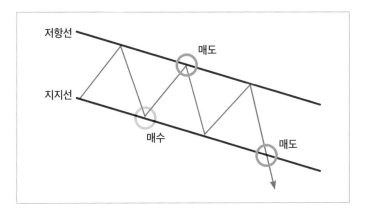

주가가 오르락내리락하지만 전반적으로 떨어지고 있을 때도 저항선과 지지선을 그어 매수, 매도 시점을 판단할 수 있어. 그런데 주가가 지지선을 뚫고 더 내려온다면, 이때는 더 아래로 내려갈 가능성이 있다는 것이니 매도를 고려해볼 만해.

자, 그럼 저항선과 지지선을 실제 주식 차트에 적용해볼까?

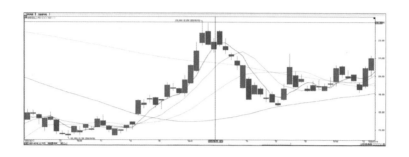

위의 봉 차트는 현대모비스의 2020년 상반기 주가 흐름표야.
일정한 추세를 띠고 움직이는 게 보이지?

이 차트에 추세선을 그어보자.

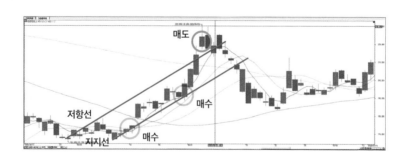

일정한 상승 추세를 보이는 부분에서 저점끼리, 그리고 고점

적절한 구매 시점을 찾아라

끼리 이어보니 지지선과 저항선이 그려졌어. 저점에서 주식을 매수하고 고점에서 매도하면 좋겠지.

반대로 하락장에서도 추세선을 그려보자.

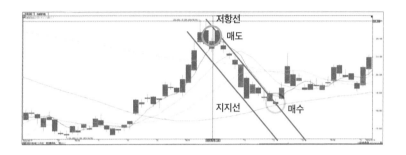

일정한 하락 추세를 보이는 부분에서도 지지선과 저항선이 그려졌어. 역시 저점에서 매수, 고점에서 매도하면 좋을 거야.

이처럼 매수와 매도 시점을 판단할 때 추세선을 그려보면서 파악하는 것도 좋은 방법이야. 그런데 차트만 계속 들여다보면 주가가 내려갔을 때 더 사고 싶고 올랐을 때 얼른 팔아버리고 싶어지겠지? 기업의 재무제표를 바탕으로 가성비 좋은 기업을 선택해 투자했다면, 차트를 보며 언제 팔아야 할지 고민하지는 않아도 될 거야.

그러니 이런 차트는 충분히 참고하되, 기업의 가성비를 따져 보고 장기적인 관점에서 접근하는 것이 투자의 기본임을 잊지 말자!

02

이동평균선을 이용하는 방법

이번에는 조금 더 활용성이 높은 이동평균선을 이용하는 방법을 알려줄게. 이동평균선은 오늘 날짜에서 지난 며칠간의 주가를 평균 낸 값을 차례로 연결해 만든 선이야. 이동평균선을 만들 때 기준으로 잡는 기간은 5일, 10일, 20일, 60일, 120일 등이 있어.

☑ 5일 이동평균선 : 지난 5일간 주가의 평균값을 이은 선
☑ 10일 이동평균선 : 지난 10일간 주가의 평균값을 이은 선
☑ 20일 이동평균선 : 지난 20일간 주가의 평균값을 이은 선
☑ 60일 이동평균선 : 지난 60일간 주가의 평균값을 이은 선
☑ 120일 이동평균선 : 지난 120일간 주가의 평균값을 이은 선

무슨 말인지 잘 모르겠지? 차트를 보면 이해가 쉬울 거야. 그

전에 한 가지 말해둘게. 앞으로 이동평균선이라는 말이 자주 나올 텐데, 좀 기니까 줄여서 '이평선'이라고 할게. 실제로 그렇게 줄여서 부르거든.

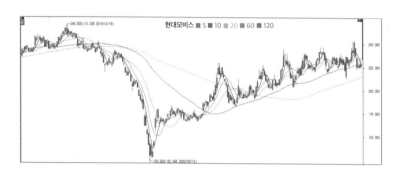

위 차트는 현대모비스 주가의 이평선을 나타낸 거야. 기준 기간마다 색깔을 달리해 5일, 10일, 20일, 60일, 120일 이평선을 각각 그려놓았지.

이처럼 기간을 달리해 선을 만든 이유는 **주가의 단기적인 추세와 장기적인 추세를 비교해보기 위해서야.** 만약 오늘 주가가 5일 이평선보다 높은 위치에 있다면 지난 5일간의 주가 평균보다 올랐음을 알 수 있고, 오늘 주가가 60일 이평선보다 낮은 위치에 있다면 지난 두 달 동안의 평균 주가보다 떨어졌다는 걸 알 수 있는 거지.

적절한 구매 시점을 찾아라

오늘의 주가와 20일 이동평균선

이동평균선의 기준 기간 중에 가장 기본이 되는 것은 20일 이평선이야. 오늘 주가와 20일 이평선을 비교해보는 거지.

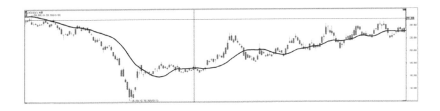

이 차트에서 검은색 선이 현대모비스 주가의 20일 이평선이고, 빨간색과 파란색이 일일 주가 등락을 나타낸 봉이야. 주가가 이평선을 기준으로 오르락내리락하고 있지? 주가가 20일 이평선의 아래쪽에 있으면 점차 올라갈 가능성이 크고, 20일 이평선보다 주가가 높으면 점차 내려갈 수 있대.

이런 이동평균선을 보면서 매수와 매도 시점을 판단하는 것도 아주 쉽고 유용한 방법이야.

아빠와 나의 경험상 20일 이동평균선이 가장 중요한 판단 기준이 되는 듯해.

골든크로스와 데드크로스

이평선 간에도 특정한 추세 움직임이 있어. 예를 들어 5일 이 평선이 20일 이평선 위로 올라갈 때는 추세상승의 힘이 있는 것 이고, 5일 이평선이 20일 이평선 아래로 내려갈 때는 추세하락 의 힘이 있다고 본대.

단기 이평선이 장기 이평선을 위로든 아래로든 돌파한다는 것은 거래의 패턴이 크게 바뀐다는 것이야. 아래에서 위로 올라 가며 돌파하면 추세상승을 의미하는 것인데, 이렇게 두 선이 만 날 때를 **골든크로스**golden cross라고 해. 단기 이평선이 위에서 아래로 떨어지며 장기 이평선을 돌파하면 추세하락을 의미하고 이를 **데드크로스**dead cross라고 불러. 영어만 봐도 어떤 게 좋은 것이고 어떤 게 안 좋은 것인지 금세 알 수 있지? 골든크로스와 데드크로스를 차트로 살펴보면 더 명확해질 거야.

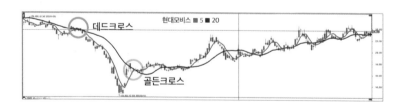

170쪽 차트에서 빨간 선이 5일 이평선, 검은 선이 20일 이평선이야. 5일 이평선이 아래로 떨어지며 20일 이평선과 만나는 순간, 즉 데드크로스가 벌어지면 주가가 하락하는 경향이 있고, 5일 이평선이 올라가며 20일 이평선과 만나는 골든크로스가 벌어지면 주가가 상승하는 경향이 있어.

그러니 오늘의 주가와 5일 이평선, 20일 이평선 등이 어떻게 교차하고 있는지, 그 패턴을 유심히 살펴보면 매수와 매도 시점을 판단하기가 용이할 거야.

정배열과 역배열

이번에는 정배열과 역배열이라는 개념을 설명해줄게. 5일, 20일, 60일, 120일의 이평선이 모두 나타나 있는 주식 차트에서 각 이평선이 배열된 패턴을 알아보는 거야.

위에서부터 5일, 20일, 60일 120일 이평선이 차례로 배열되어 있으면 '정배열'이라고 하고, 120일, 60일, 20일, 5일 이평선의 순서로, 즉 **정배열과 반대 순서로 배열되어 있는 모습을 '역배열'**이라고 말해.

어떤 기업의 주가가 정배열 혹은 역배열의 양상을 띤다면, 그 에너지가 매우 커서 상승이든 하락이든 어느 한쪽 방향으로 더 세게 움직인다는 뜻이야.

이번에도 실제 차트를 보면서 정배열과 역배열을 이해해보자.

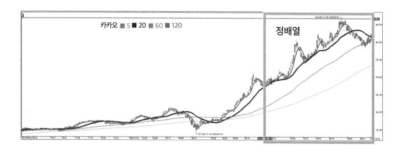

카카오의 주식 차트야. 사각형 부분의 이평선을 보면 맨 위에 빨간색 5일 이평선이 있고, 그 아래 20일, 60일, 120일 이평선이 나와 있지? 이런 모습이 바로 정배열 상태인 거야. 이렇게 **정배열이 명확하다면 주가가 상승할 수 있다**는 뜻이니 잘 지켜보는 게 좋아.

이번에는 역배열을 살펴볼까? 172쪽의 현대모비스 주식 차트에서 사각형 부분을 보면 위에서부터 120일, 60일, 20일, 5일 이평선이 차례로 나타나고 있어. 바로 역배열되어 있는 시기야.

적절한 구매 시점을 찾아라

주가가 크게 하락한 거 보이지? 이런 식의 **역배열이 명확히 나타**

난다면 주가가 떨어질 수 있다는 뜻이니 조심하는 게 좋아.

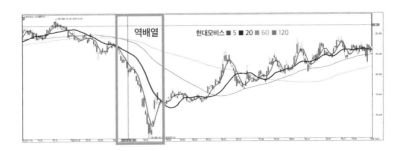

그런데 이동평균선이 모이는 경우가 있어.

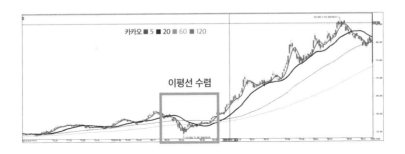

이 차트의 사각형 부분을 보면 5일, 20일, 60일, 120일의 이평

선이 옹기종기 모여 있지? 이 말은 **단기적으로나 장기적으로나**

주가 평균값이 비슷하다는 거지. 이럴 때는 상승이 됐든 하락이

됐든 어느 한 방향으로 폭발하는 경우가 많대. 이곳에서 팔 사람은 팔고 살 사람은 사면서 매도, 매수가 정리되고 나면 어느 한 쪽으로 에너지가 집중되기 때문이야.

대개는 이평선들이 모이고 나면 상승 쪽으로 방향을 잡는 경우가 많다고 해. 앞의 차트에서 카카오 주식은 이평선이 모여 있다가 주가가 크게 오르고 있지?

그런데 간혹 하락 쪽으로 가는 경우도 있어. 아래 SK가스의 주식 차트를 보자.

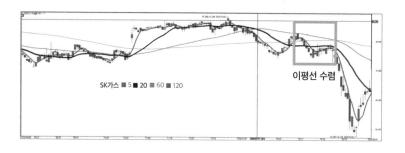

사각형을 보면 이평선들이 모여 있다가 아래쪽으로 에너지가 분출되어서 주가가 크게 떨어졌지.

적절한 구매 시점을 찾아라

이렇듯 **이동평균선이 한 지점에 모이고 나면 오름세든 내림세든 어느 한쪽으로 크게 움직이니,** 이런 경우는 조심히 살펴볼 필요가 있어.

03

매수·매도의 기준 3가지

앞서 여러 번 이야기한 바와 같이, 나는 투자를 할 때 기본적으로 좋은 종목을 구매해서 장기간 보유하는 것을 원칙으로 해. 그럼에도 주식투자에서 매수와 매도 시점을 결정하는 것은 중요하지. 내가 생각하는 **매수와 매도의 기준**은 다음의 3가지야. 바로 앞에서 공부한 내용들을 토대로 판단하는 거지.

- ☑ 추세상승 중인가, 추세하락 중인가?
- ☑ 골든크로스인가, 데드크로스인가?
- ☑ 정배열인가, 역배열인가?

기본적으로 특정 종목을 매수하려면 **추세상승 시작 시점**을 찾아야 해. 적어도 60일 이평선 또는 120일 이평선이 상승하는 추세에 있어야 하고, 가능하면 한눈에 봐도 '이제 상승하는구나' 하는 지점을 골라야 해. 반대로 추세하락 시점에 투자해서는 곤란하고, 일정 시간을 보내면서 추세가 반전되기를 기다려야 해. 적어도 60일 이평선 또는 120일 이평선이 하락하는 순간에는 구매를 안 하는 게 좋아.

그리고 **골든크로스가 벌어질 때가 매수하기 좋은 시점이야. 정배열**로 가면 더욱 좋은 거고. 반대로 데드크로스가 벌어지는 것이 보이면 일정 비율을 매도하는 것도 괜찮은 방법이야.

물론 이런 시점 선택에 앞서서 기업의 가성비 분석이 먼저 되어 있어야겠지? 재무적 기업가치가 크고, 미래 사업이 더 커질 것이 예상되고, 시가총액의 증가가 예상되는 기업을 고르는 것이 우선이야.

이것이 선행되고 나서, 선택한 기업의 주식 그래프를 보며 연구한 후 구매 시점을 잡는 것이 중요해. 적절한 시기에 주식을 구매하고 나면 충분히 시간을 갖고 기다리는 거지.

주식투자, 복잡하고 어려워 보이지만 사실 이게 다야.

아빠의 설명을 들을 때나 내 머릿속에서 정리할 때는 그리 힘든 줄 몰랐는데, 그 내용을 이렇게 글로 써보려니 엄청 힘드네. 그래서 언젠가 내가 학생들을 위한 주식투자 동영상을 만들어볼까 생각도 하고 있어. 채널 만들면 소개할 테니 재미있게 봐줘!

PART 8

충분히 기다리자

충분한 시간을 갖고 기다린다!

우리 아빠와 내가 한 투자에 대한 약속, 기억나지?

1. 가성비 높은 기업을 골라

2. 그 기업의 주식을 최대한 저렴하게 구매해서

3. 충분히 시간을 갖고 기다린다.

지금까지 1, 2번에 대해 열심히 공부해 왔고, 마지막 3번에 대해 이야기할 차례야.

가성비 높은 기업을 골라 최대한 저렴하게 주식을 구매하는 것도 중요한데, 이 마지막 기준도 아주 중요해. '그냥 기다리기만 하면 될 텐데, 뭐가 어렵고 왜 중요하다는 거지?'라는 생각이

들지? 그런데 과연 주식투자를 하는 사람 가운데 충분히 기다리는 사람이 많을까? 아니, 그리 많지 않대.

앞부분에 나왔던 전매님, 박매님, 아빠 동료분 이야기 기억나지? 이분들은 주식을 구매한 후 그냥 잊어버렸든, 일부러 생각을 안 하든 간에 자꾸 들여다보지 않고 오랫동안 기다렸어. 그랬더니 대박이 난 거였잖아.

주식을 사놓고 매일 주가를 확인하며 조바심 내고, 팔아버릴까 아니면 더 살까 우왕좌왕하면 될 일도 안 되는 거야. 그러니까 한번 주식을 샀다 하면 오래 가져가는 것을 기본으로 생각해야 해.

금세 팔아버릴 거면 아예 사지 말라고 권하고 싶어. 생각해봐. 밭에 곡식을 심으면 충분히 익을 때까지 기다렸다가 수확을 해야지, 다 안 자랐는데 혹은 빨리 자랐다고 거둬버리면 곡식이 제대로 여물지 못하겠지?

주식에서는 그 기다림의 시간이 적어도 1년 이상이어야 한대. 길게는 5년, 10년을 보고 투자한다면 10배 이상의 이익을 가져다줄 수 있는 것이 바로 주식이야. 미국의 구글이나 애플이 그랬고, 또 한국에도 시간을 두고 크게 성장할 기업이 아주 많지. 그러니까 서두르지 말고, 좋은 기업을 골라서 저렴한 가격에 주식을 구매하고, 충분히 기다리려는 마음을 갖는 것이 중요해.

실력을 키워라

우리가 주식시장을 바라볼 때 갖춰야 하는 몇 가지 관점을 이야기해줄게.

가장 먼저, **'나는 실력이 있는가?'**라는 질문에 답할 수 있어야 해. 투자할 기업을 직접 선택하고 구매 시점을 고려해서 주식투자를 할 수 있는 능력이 있어야 한다는 거야. 다른 사람이 이런 종목이 좋다고 이야기하면 그 말에 솔깃하고, 지금 팔아야 한다는 말에 흔들려서 매도하면 잘될 수가 없겠지. **나 스스로 판단할 수 있는 힘**을 키워야 하는 거야.

현명한 주식투자를 위해 갖춰야 할 능력은 다음의 5가지야.

☑ 재무제표를 보는 능력

☑ 가치평가를 할 수 있는 능력

☑ 시장의 트렌드를 보는 능력

☑ 구매 시점을 정하는 능력

☑ 충분히 기다릴 줄 아는 능력

이런 능력은 하루아침에 만들어지는 것이 아니야. 차근히 정보를 검색하고 공부하고 분석하며 실력을 키워나가기를 바라.

매일의 행동 지침

그리고 주식거래를 하면서 다음과 같은 내용을 꼭 지키는 것이 좋아.

👉 계속 들여다보지 마라.
👉 보더라도 잠깐 보고 나와라.
👉 마음이 편할 수 있는 종목을 구매하라.
👉 남의 말에 귀 기울이지 마라.
👉 스스로 실력을 갖춰라.
👉 무심하게 바라보라.
👉 기다리고 또 기다려라.

우리 아빠도 그렇고 나도 그렇고, 주식을 사고 조금 오르면 바로 팔아버리는 '단타 매매'는 그리 추천하지 않아. 단타 매매

로 돈을 벌 수 있을지 모르지만, 정신은 피폐해지기 마련이거든.

그러니까 우리는 주식투자를 한다면 **가성비 가치투자**를 하도록 하자. 기다릴수록 빛을 발하니까 말이야. 계속 들여다보는 게 아니라, 꾸준히 기다리는 마음을 갖는 게 중요해.

하락할 때의 마음가짐

가성비 좋은 기업을 고르고 적절한 시점에 주식을 구매했지만, 주가가 떨어질 때도 있겠지? 그럴 때 가져야 할 마음가짐이야.

👉 하락의 고통을 견뎌라.
👉 반 토막은 늘 있다.
👉 하락장이라고 가격이 떨어지는데 추가 구매하지 마라.
👉 팔랑귀가 되지 마라.

주식시장에서 하락은 언제든 일어날 수 있어. 그러니까 하락

이 시작되면 너무 낙담하지 말고 차분히 기다리는 게 더 마음이 편해. **하락장을 충분히 견뎌낼 수 있을 만큼 사전에 가성비 높은 기업을 골라 투자해놓는 게 중요하겠지?**

상승할 때의 마음가짐

👉 구매하지 못한 것에 무심하라.
👉 '그런가 보다' 하라.
👉 추격매수 하지 마라.

반대로, 주가가 상승하면 기대감에 흥분하게 되겠지? 그래서 미리 알아보지도, 준비하지도 않은 종목을 가장 비쌀 때 구매하는 경우도 왕왕 있어.

하지만 상승이 벌어질 때도 하락장과 마찬가지로 무심한 마음을 갖는 게 중요해. 그러니까 **주식투자를 하려면 상승장이건 하락장이건 같은 마음을 가져야 한다**는 거지.

미리 공부해서 좋은 종목을 선발하고, 최대한 저렴한 가격에 구매하고, 충분히 기다리는 거야. 내가 계획한 대로 움직여야지, 다른 사람들 이야기를 듣고 따라가면 거의 실패한다고 봐야 해.

주식을 사고 싶은 마음이 들 때마다 다음 내용을 꼼꼼하게 생각해보렴.

- ☑ 기업의 가치는 따져봤는가?
- ☑ 기업의 성장성은 충분한가?
- ☑ 매출, 영업이익, 당기순이익은 증가하고 있는가?
- ☑ 부채는 어느 정도인가?
- ☑ 사더라도 분할매수를 하라.

자, 내가 하고 싶은 이야기는 여기까지야. 고등학생 입장에서 쓴 주식투자 책을 이제 마무리하려고 해. 내 개인적인 경험이지만, 그래도 1년 넘게 공부하고 고민했던 내용들을 다 실어보려고 노력했는데 재미있게 읽었는지 모르겠네. 아무쪼록 내 이야기가 너희에게 작게나마 도움이 되었으면 좋겠다.

그럼 모두 성공 투자의 길을 걷게 되기를 기원할게! 안녕!

안녕하세요? 신통 아빠 신병철입니다.

저는 오랫동안 기업 자문과 대기업 마케팅 부사장을 해왔습니다. 그러면서 자연스럽게 기업의 경쟁력을 키우고 효율적 의사결정을 지원하는 일을 하게 되었습니다. 또한 적지 않은 스타트업 회사들의 투자와 상장 관련한 일에 조언해주며 경제가 돌아가는 시스템을 정리하게 되었습니다.

모든 기업 경영 활동이 귀결되고 궁극적으로 가격으로 표시되는 곳이 바로 주식시장입니다. 기업은 성과를 높이기 위해 노력하고, 재투자를 위해 회사의 주식을 상장합니다. 이렇게 상장된 주식은 일반 투자자의 의사결정을 통해 주가로써 그 가치를 평가받게 됩니다. 아주 간명하고 효율적인 시스템이죠.

최근까지 한국에서는 투기적 관점으로 주식시장에 접근하는 분들이 많았습니다. 그러나 좋은 주식을 적절한 금액에 구매해서 장기적으로 투자한다면, 그 효율성은 매우 좋습니다.

이 방법을 저의 둘째 아들에게 알려주었고, 그 방법대로 지금 진행 중입니다. 물론 저 역시 같은 방식으로 투자하고 있습니다. 저와 제 아들의 투자 수익률은 은행 이자에 비한다면 그야말로 수십 배의 효율을 보이고 있습니다. 이런 방식을 다른 분들과 공유하고자 아들에게 이 글을 쓰게 하였습니다.

이 책은 **초보자를 대상으로 쓴 글**입니다. 주식투자에 조금이라도 생각이 있고 배우고 싶은 분이라면 누구라도 스스로 분석해서 주식투자를 해볼 수 있도록 관련 내용을 준비했습니다.

특히 요즈음은 경제와 주식에 관심 있는 학생들이 점차 늘어, 고등학교에도 주식투자 동아리가 하나둘 생겨나고 있다고 들었습니다. 그런 학생들이 이 책을 읽어본다면 주식시장을 보는 눈을 키우는 데 도움이 될 것입니다.

또한 스마트폰 하나로 주식시장에 쉽게 접근할 수 있게 되면서, 가정 안에서 스스로 혹은 자녀들과 함께 주식투자를 시작하려는 주부님들이 많습니다. 그분들 역시 이 책의 소중한 독자가 될 수 있을 것이라 생각합니다.

저는 이 책에 나온 투자 방식을 유튜브나 기타 교육 프로그램을 통해 교육하기도 합니다. 나중에 기회가 된다면 이 간단하고 효율적인 방법을 함께 공부하는 시간을 가져봐도 좋겠습니다.

이제 은행에 돈을 넣는 예금, 적금만으로 잘살 수 없는 시대입니다. **돈이 돈을 벌어오는 가장 효율적인 시장이 주식시장입니다.** 주식시장의 메커니즘을 이해하고 신중히 선택해 적절히 투자한다면 원하시는 결과에 도달할 것입니다.

유튜브나 다른 채널을 통해 성공하는 주식투자와 관련된 이야기로 또 만나 뵐 수 있기를 기대합니다. 고맙습니다.

중간계 캠퍼스 대표

신병철

신통 아빠의 투자 멘탈 코칭

바이든 대통령 시대의 경제 예측 5가지 :

투자자가 가져야 할 마인드

많은 논란이 있었지만, 이제 미국에 조 바이든 대통령 시대가

시작됐습니다. 미국 대선에서 조 바이든의 당선이 확정되었을

때, 많은 국내 언론에서 향후 경제에 대해 예측했습니다. 이와 관련하여 몇 가지 의견을 말씀드리려고 합니다.

언론사와 금융기관, 증권사 등에서 저마다 내놓은 조 바이든 당선 이후에 대한 예측은 5가지 정도로 압축될 수 있습니다. 첫 번째로, 코로나19로 인하여 미국을 포함한 전 세계 경기가 좋지 않습니다. 그래서 **바이든 대통령이 적극적인 경기부양책을 펼칠 것**으로 예상했습니다. 바이든 대통령 역시 선거 유세 때부터 공화당의 경기부양책을 "시작에 불과하다"라고 표현할 정도로 막대한 자금의 경기부양책을 내놓을 것이라고 이야기하기도 했습니다.

두 번째, **전체적으로 세금을 올릴 것**으로 예상했습니다. 경기부양책을 쓰려면 결국 더 많은 재정이 필요하며, 재정을 충당하기 위해서는 증세가 필요합니다. 그래서 대표적으로 나오는 예측이 법인세 인상입니다. 현재 21%인 미국의 법인세를 28%까지 높인다고 합니다. 그래서 증세로 인한 기업의 부담이 주가에 일정 부분 영향을 미칠 것으로 예측합니다.

세 번째, **신재생 에너지나 친환경 산업의 호재**를 이야기합니다. 트럼프 전 대통령의 공화당은 빅테크나 석유, 화학 같은 산업에 중점을 두었지만, 민주당은 이와 다르게 그린, 수소, 신재생 에너지, 태양광, 풍력 등 친환경 산업에 관심이 더 많은 것 같습니다.

네 번째는 위의 세 번째 이유로 최근 뜨거웠던 아마존, 구글, 애플 등 **IT 기업들의 주가가 조금 조정될 수 있다**는 예측입니다. 마지막으로 적극적인 경기부양책을 실시하게 되면서 자연스럽게 **달러의 유동성이 증가하게 될 것**이라고 예측했습니다. 그러면 사람들은 현금 보유 대신 보다 더 안전한 자산에 투자하려고 할 것입니다. 이 때문에 금과 은에 대한 수요 증가로 금값과 은값 등이 올라갈 것이라고 보았습니다.

어떠신가요? 전체적으로 어느 정도 수긍이 되는 예측입니다만, 저는 조금 다른 의견이 있습니다. 위에 요약한 다섯 가지 예측 모두 단기적인 소재라고 생각합니다. 새로운 대통령이 취임했으니 단기적으로 이런 예측을 할 수는 있겠지만, 장기적으로 볼 때 이런 이야기들은 전부 없어질 것이라고 생각합니다.

바이든 대통령이 취임했다는 것은 민주당의 대통령이 된 것이 아니라 '미국의 대통령'이 되었다는 뜻입니다. 그래서 미국 경제 전체가 성장하지 않는다면 바이든 대통령의 업적도 희석될 것이고, 또한 미국 경제가 살아나지 못하면 다음 대선에도 문제가 될 수 있습니다. 그런 의미에서 소위 '빅테크' 기업의 주가가 조정을 받을 것이라는 예상은 단기적으로 맞을 수도 있지만, 약간의 조정에 불과하리라 생각합니다. 다만 친환경 산업, 신재생 에너지 산업에 프리미엄이 붙는 정도라고 보는 것이 맞을 것 같습니다.

최근 상황을 보면 한국, 외국 할 것 없이 주식시장을 너무 단기적으로 바라보는 견해들이 많은 듯합니다. TV나 유튜브 등을 통해 경제 전문가, 주식 전문가라는 분들이 "이런 때 사라, 저 때는 팔아라, 지금은 참아라" 등의 이야기를 많이 하는데, 제 생각에는 조금 더 길게 보는 관점을 갖는 것이 국가적으로도 좋고, 개인의 정신건강에도 더 좋습니다.

주식을 산다는 것은 해당 기업에 투자하는 것입니다. '투자'에는 기본적으로 꽤 오랜 시간의 기다림이 전제되어야 합니다. 기업에 투자한다, 기업의 주식, 지분을 갖는다는 것은 어떤 의미일까요? 예를 들어 여러분이 친구와 동업을 한다고 가정해보겠습니다. 내가 새롭게 시작한 사업에 친구가 투자해 20% 정도의 지분을 확보했습니다. 1억 원짜리 회사라면 2천만 원을 투자한 겁니다. 그런데 투자한 다음 날부터 "회사 매출이 어때?"라고 묻더니만, 일주일 뒤에는 "회사 가치가 올라갔어?"라고 묻습니다. 또 2주 후에는 "다른 사람들도 회사에 더 투자한대?", "올해 적자일까? 아니면 이익이 날까?"라고 묻는다면 어떨까요?

친구와 동업하며 투자하는 것과 특정 기업의 주식을 사서 투자하는 것에 차이가 있을까요? 아니요, 똑같습니다. 본질은 똑같은데, 주식은 이미 시장이 형성되어 있고 실시간으로 금액이 오르내리다 보니 주식을 매매의 대상으로 보게 되는 겁니다. 바로 이런 관점이 문제라고 생각합니다.

친구가 하는 사업에 투자했다면 하루 이틀 뒤를 바라볼까요? 그럴 리 없겠죠. 주식 구입으로써 기업에 투자하는 것 역시 동업의 관점으로, 친구의 사업에 투자했다고 생각하고 바라보시기 바랍니다. 투자를 할 때는 긴 호흡을 가질 필요가 있습니다. 친환경 기업, 빅테크, 배터리, 바이오 기업 등 어떤 산업에 투자하든 첫 번째로 가져야 할 마인드는 **긴 호흡을 갖는 것**입니다.

투자를 할 때 두 번째로 가져야 할 것은 **기업의 내재적 가치를 계산하는 힘**입니다. 제 강의 중에는 투자 활동과 관련된 강의들도 있는데, 수업 중에 질문하시는 분이나 상담 요청하시는 분들 가운데 기업의 내재가치에 관해 공부하는 분들은 한 번도 본 적이 없습니다. 대부분 그저 주가가 올랐나 내렸나에만 관심을 두고 계시죠. 이렇게 단기적 관점으로 보기 때문에 대통령이 누가 되느냐에 따라 어떤 주식이 유리할지, 불리할지를 따지게 되는 겁니다.

주식은 장기적으로 보면 무조건 우상향합니다. 지난 100년간의 주가 흐름을 보면 지속적으로 올랐습니다. 100년 전 미국의 다우존스 지수가 34 정도였습니다. 지금은 3만이 넘습니다. 앞으로도 꾸준히 상승하게 되어 있습니다.

그러니까 **투자할 때 중요한 것은 긴 호흡을 갖는 것, 기업의 내재가치를 보는 힘을 기르는 것**입니다. 일희일비하지 말고 무심하게 투자하는 것이 필요합니다.

빅히트 주식으로 손해 보는 이유 : 의사결정 오류 제거의 방법

2020년 주식시장의 큰 이슈 중 하나는 아이돌 그룹 '방탄소년단(BTS)'의 소속사인 '빅히트 엔터테인먼트'의 상장일 것입니다.

주식을 모르던 사람도 '한번 해볼까?' 하는 생각을 가질 만큼 엄청난 화제를 불러일으켰죠. 사람들은 바로 눈앞에서 목격한 증거를 중심으로 사고하는 경향이 있습니다. 잘 모르면서도 다른 사람들이 빅히트의 주식을 사는 것을 보고는 따라 사는 모습을 보인 것입니다.

그런데 이런 생각으로 빅히트 주식을 구입했던 사람들 대부분이 손해를 보았습니다. 어떤 분은 퇴직금과 저축 등 7억여 원을 그러모아 빅히트 엔터테인먼트 주식에 투자했다고 합니다. 상장 첫날 35만 원에 매수했는데, 이후 빅히트 주가는 계속해서 떨어지고 말았습니다. 크게 손해 본 사람 중에는 심지어 "어제 구입했는데 환불되나요?"라고 묻는 사람도 있었다고 합니다. 이런 상황이 벌어진 건 그만큼 **별 생각도 지식도 없이 주식을 시작한 사람이 많다는 증거**일 겁니다. 도대체 이런 일이 왜 벌어졌고, 어떻게 해야 이런 실수를 하지 않을지에 대해 이야기해보겠습니다.

빅히트 엔터테인먼트가 상장되기 직전에 어떤 일들이 있었는지 기억하시나요? SK바이오팜과 카카오게임즈의 상장이 있었습니다. SK바이오팜이 상장하기 전 공모주 청약 결과, 323 대 1이라는 청약경쟁률을 기록했고 31조 원의 청약증거금이 몰렸습니다. 상장하자마자 소위 '따상'이라 부르는, 주가가 공모가의 2배 이상 오르는 상황이 벌어졌고, 상장 나흘 만에 공모가 기준 550%의 상승률을 기록했습니다.

SK바이오팜 이후 상장한 카카오게임즈는 어땠나요? 청약경쟁률이 무려 1524 대 1, 청약증거금 약 60조 원이 몰렸습니다. 그리고 상장하자마자 역시 따상을 기록했습니다. 물론 이후에 두 회사 모두 주가 하락을 보였습니다만, 이렇게 많은 이들이 공모주 청약에 참여한다는 것이 증거로 남게 되었고, 청약 인원보다 훨씬 더 많은 사람이 그 증거를 목격했습니다.

바로 앞의 증거를 따라 하는 인간의 경향성에 관해 흥미로운 연구가 많이 있는데, 그중에 미국의 사회심리학자인 스탠리 밀

그램 교수의 연구가 아주 유명합니다. '몇 명이 하늘을 쳐다보면 사람들이 따라 쳐다볼까?'라는 주제로 실험을 했습니다. 복잡한 뉴욕 시내에서 한 사람이 하늘을 쳐다보면 지나가던 사람들은 반응이 없지만, 3명이 동시에 하늘을 올려다보면 몇몇 사람이 따라서 하늘을 올려다봅니다. 5명 정도가 하늘을 쳐다보면 그 효과는 더 강력해집니다. 이런 경향은 '몇 명이 무단횡단을 하면 다른 사람들이 따라서 무단횡단을 할까?'를 주제로 한 실험에서 도 비슷한 결과로 나타났습니다.

이 연구에 따르면 사람들은 눈앞에서 보이는 사건을 쫓아가려는 성향이 아주 강하다고 합니다. 이것을 사회심리학에서는 '증거효과 Social Evidence Effect'라고 합니다.

다시 빅히트 엔터테인먼트로 돌아가겠습니다. 수많은 이들이 공모주 청약을 하고, 청약경쟁률 606대 1, 청약증거금 58조 원이 기록되는 장면을 눈앞에서 목격했습니다. 그리고 상장하자마자 2배 이상 이익을 거두는 장면도 목격했습니다. 그런데 빅히트 엔터테인먼트의 4번째 주주가 주식을 대량으로 매도하면서 35만 원까지 올랐던 주가는 며칠 만에 17만 원까지 떨어졌습니다. 우리는 이 상황을 통해 두 가지를 생각해봐야겠습니다. 첫 번째는 왜 이런 일이 벌어지는가, 두 번째는 이런 실수를 일으키지 않으려면 무엇을 해야 하는가입니다.

먼저, 이런 일은 왜 벌어질까요? 사람은 정보처리를 할 때 꼼꼼하게 처리하는 성향보다 건성건성 생각하는 성향이 훨씬 더 강합니다. 이렇게 건성건성 생각하는 것을 **'단서 중심적 사고'**라고 하고, 영어로는 **'휴리스틱 프로세싱**Heuristic Processing**'**이라고 합니다. 휴리스틱은 '추론 단서'라는 말입니다. 무언가를 생각할 때 미루어 짐작할 수 있는 단서가 있다면 그것만 취해서 정보처리를 하고 나머지는 무시해버리는 겁니다. 이 단서 추론 사고에서 중요한 것이 바로 '눈앞에 보이는 증거'입니다. 그러니까 눈앞에서 목격한 SK바이오팜과 카카오게임즈의 성공이 추론 단서가 되어 '나도 따라 들어가야겠다'라는 행동을 유도한 것입니다.

하지만 추론 중심적, 단서 중심적 사고는 실수를 유발할 가능성이 큽니다. 그러니까 빅히트 엔터테인먼트 상장 때와 같은 실수를 하지 않으려면 추론 중심적 사고가 아니라 **체계적인 사고, 꼼꼼히 따지는 정보처리가 필요합니다.**

꼼꼼히 따져보려면 어떻게 해야 할까요? 일의 전후좌우를 살펴봐야 합니다. **원인이 무엇이고 작동원리는 무엇이며 그 결과가 어디로 갈 것인지, 내재적 가치는 어떠하고 트렌드는 어떻게 변화하고 있는지 등을 면밀히 살피고 공부해야 합니다.** 빅히트 주식에 들어갔다가 손해를 보신 분들은 공부하지 않은 것에 대한 대가를 치르고 있는 것입니다.

흔히 '친구 따라 강남 간다'는 표현을 합니다. 행동의 시작은 친구를 따라서, 친구와 함께 할 수 있지만, 행동의 결과를 친구와 나누는 것은 어렵습니다. 행동의 결과와 책임은 오롯이 개인이 지는 경우가 대부분입니다. 다들 공모주 청약을 하니까 따라 들어갔지만, 손실은 나 혼자 감당해야 하는 겁니다. 그래서 우리는 어떤 일이든 **겉으로 드러난 현상만 보지 말고 그 안에 감추어진 원인과 작동원리, 내용을 분석하고 의심하는 습관을 지녀야 합니다.** 의심하고 따져보고 나서 행동해도 전혀 늦지 않습니다.

그리고 실제로 분석하고 따져보는 데는 그렇게 큰 노력이 들지 않습니다. 요즘은 정보처리를 하기에 아주 좋은 세상입니다. 구글, 네이버, 각종 SNS 등에 온갖 정보가 넘쳐납니다. 그 정보들을 모아서 조금만 따져보면 해당 주식에 대해 충분히 공부할 수 있습니다.

눈앞의 증거를 보고 생각 없이 따라가기보다는 **스스로 의심하고 분석하고 판단하여 결정하는 것이 실수와 후회를 줄이는 가장 좋은 방법**입니다.

주식시장에 과연 전문가는 존재하는가?

주가가 계속 오르면서 다양한 매체에서 주식시장과 주가를 분석하고 예측하는 전문가들이 많이 보입니다. 그런데 여러분 생각에 주식시장에 정말 전문가가 존재할까요? 어쩌면 다소 민감한 이야기일 수도 있겠습니다.

다른 이야기로 시작해보겠습니다. '슈퍼컴퓨터'를 이용하는 영역 중 하나가 날씨를 예측하는 일입니다. 인류가 지금까지 개발한 가장 고성능의 슈퍼컴퓨터로 저 남쪽에서부터 천천히 다가오는 태풍이나 바람, 구름의 형태를 매일, 매시간 측정해서 다음 날의 날씨를 예측합니다.

그런데 바람이나 구름, 파도 등은 스스로 생각해서 움직이는 게 아닙니다. 일정한 자연 현상에 의해 움직이죠. 이런 자연 현상을 한 대에 몇백억씩 하는 비싼 슈퍼컴퓨터로 예측하는데도 일기예보는 자주 빗나가곤 합니다. 2020년 여름에 큰비가 내려서 전국 곳곳에 물난리가 났는데, 기상청 예보는 이런 재난을 제대로 예측하지 못했죠. 그래서 기상청 직원들은 태풍이나 폭설이 예상되는 시기가 되면 큰 스트레스를 받는다고 합니다.

그런데 상식적으로 생각해보겠습니다. 슈퍼컴퓨터를 써서 날씨를 예측하는 것도 이렇게 힘든데, 주가를 예측하는 건 어떨까요? 바람이나 구름, 파도 등은 스스로 생각해서 움직이지 않지만, 주식시장에는 수천만 명, 수억 명의 사람들이 다 각자의 생각을 가지고 참여하고 있습니다. 개인만 있는 것이 아니라 은행, 증권사, 기관, 펀드 등 수많은 게임 참가자들이 각자의 이해관계에 의해서 심리 싸움을 펼치는 곳이 주식시장입니다. 그러니까 바람이 불거나 비가 내리는 것을 예측하는 것과는 비교할 수 없을 정도의 고난도 싸움인 거죠. 그래서 날씨보다 주식시장을 예측하는 일이 훨씬 더 어렵습니다.

수학의 방정식 중에서 5차 이상의 방정식은 특정한 경우를 제외하고는 해를 구하는 것이 매우 까다롭습니다. 미분을 두세 번 해도 근의 공식을 쓰기가 어려워지죠. 그런데 주식시장은 몇 차 방정식일까요? 참여하는 사람이 백만 명이라면 백만차 방정식이 되는 겁니다. 물론 실제 참여자는 백만 명보다도 훨씬 더 많고요. 그러니까 주식시장에서 주가를 예측할 수 있는 전문가가 있다는 건 사실상 불가능합니다.

그럼 '주식시장 전문가'라는 사람들은 어떤 사람들일까요? 제 생각에는 주식에 대한 경험이 조금 더 많고, 일반인들보다 더 전문적으로 공부를 하는 사람들입니다. 주식을 10년, 20년 하다 보면 경험이 쌓이고 패턴에 대한 인식이 있을 것입니다. 그래서 그 전문가들도 자신의 경험과 지식으로 대략의 예측을 할 뿐이지 근사치라도 제대로 맞히는 경우는 많지 않습니다.

주식시장에서 전문가가 있기 어려운 이유가 또 한 가지 더 있습니다. 예를 들어 전문가들이 "이 주식은 내일 오를 겁니다, 다음 주에는 오릅니다"라고 이야기하고 나면 막상 떨어지는 경우를 많이 보셨을 겁니다. 전문가의 이야기가 또 다른 파장을 만들어내기 때문입니다. 어떤 주식이 오를 것이라고 이야기하면 그걸 보고 있는 수많은 사람이 다음 행동을 수정하면서 시장이 요동치게 됩니다. 이런 상황이 일종의 '복잡계Complex System' 상황입니다. 치수 높은 방정식에 너무 복잡한 변수까지 작용하기 때문에 파악하는 건 거의 불가능입니다.

복잡계에서 올바른 의사결정을 하기 위한 가장 좋은 방법은 **자신만의 의사결정 기준을 만드는 것**입니다. 자신만의 룰을 만들어야 하는 겁니다. 전문가의 이야기를 듣기보다 **자기가 잘 알고 있는 영역에 집중해야 합니다.** 예를 들어 반도체에 관심이 있다면 반도체 관련 기업 4~5개를 선정해서 집중하면 됩니다. 지난 10년의 흐름과 미래를 차근차근 공부하고, 그날그날 뉴스를 보면서 분석해야 합니다. 이렇듯 **시계열적으로 자신만의 지식과 경험을 만들어가는 것이 주식시장에서 살아남는 가장 좋은 방법**입니다.

그럼 왜 4~5개일까요? 어떤 분들은 백화점식으로 수십 개의 주식을 보유, 거래하기도 합니다. 그런데 이런 식의 투자를 하면 기본적으로 해당 기업에 대한 정보를 분석하고 이해하는 것이 가능할까요? 불가능합니다. 저는 지금 5~6개 기업에 경영 자문을 해주고 있습니다. 상황에 따라 조금 더 많이 할 때도 있는데, 자문하는 기업의 수가 일정 수준을 넘어가면 정보처리가 어려워집니다. 머릿속 정보처리는 물론이거니와 물리적으로 시간을 배분하기조차 쉽지 않습니다. 생각하는 것 자체가 힘들어지는 거죠. 인지심리학의 연구 결과에 따르면, 사람이 생각할 수 있는 정보처리의 양은 최대 7개를 넘지 않는 게 좋다고 합니다. 제 경험으로는 7개도 많습니다. **4~5개 정도면 충분합니다.**

주식시장에서 후회하지 않으려면 투자 회사를 4~5개 정도로 압축하세요. 그리고 **과거에서 현재까지 시계열적으로 공부하고, 현재 벌어지는 이슈들을 매일 살펴보며 스스로 선택하고 결정하는 방식을 몸에 익혀야 합니다.** 비단 주식뿐 아니라 모든 일에 마찬가지입니다. 사업도, 인간관계도 이렇게 하셔야 후회를 줄이고 실패를 줄일 수 있습니다.

여러분, 주식시장에 전문가는 없습니다. 아무도 여러분의 투자 결과에 책임을 져주지 않습니다. 스스로 공부하고 판단하세요. 바깥에 있는 전문가를 보지 말고, 스스로 전문가의 반열에 오를 수 있도록 공부하는 것이 성공 투자의 지름길입니다.

나는 19세 나에게 1억을↗ 선물하기로 했다

1판 1쇄 인쇄 2021년 3월 5일
1판 1쇄 발행 2021년 3월 12일

지은이 신병철 · 신통
펴낸이 황상욱

편집 윤해승 이은현 **마케팅** 최향모 최민경
디자인 박소윤 **일러스트** 송명원
제작 강신은 김동욱 임현식 **제작처** 더블비(인쇄) 신안문화사(제본)

펴낸곳 (주)휴먼큐브
출판등록 2015년 7월 24일 제406-2015-000096호
주소 03997 서울시 마포구 월드컵로14길 61 2층
문의전화 02-2039-9462(편집) 02-2039-9463(마케팅) 02-2039-9460(팩스)
전자우편 byvijay@munhak.com

ISBN 979-11-6538-281-0 03320

• 이 책의 판권은 지은이와 휴먼큐브에 있습니다.
• 이 책 내용의 전부 또는 일부를 재사용하려면 반드시 양측의 서면동의를 받아야 합니다.

인스타그램 @humancube_books **페이스북** fb.com/humancube44